1日1テーマ
読むだけで
身につく

0

子育て英会話大全

英語講師
愛場吉子 著

ベビーサイン講師
大前真理子 企画・監修

自由国民社

はじめに

「子供に英語をやらせたいが、
何からやればいいか分からない」
「そもそも子供に教えられるほど、
自分の英語力に自信がない」
私のレッスンを受講している生徒さんの声です。

私は10年以上ビジネスパーソン向けに英語を教えていますが、ビジネスシーンではかなり英会話が上達した方からでも、こういった声を聞く機会は多いです。そこでお伝えしているのは、**「ご両親が先生のように教えなくていい！」**ということです。そもそも、ご家庭でパパとママが英語を教える必要はなく、まずは生活の一部に自然に英語が入っている環境を用意してあげることが大切だとお伝えしています。私自身、2019年に出産を経験したのですが、英語を教える立場にある私でさえも、子育てのシーンで使いたい英語表現に迷うことがしばしばあります。

お漏らし、ダンゴムシ、かさぶた、などなどパッとは英語表現が浮かびません。「母語ではない言葉（英語）で子育てをするのは、大変だなあ」と感じます。それでも、将来の子供のためにできることがたくさんあるのです。

「プロローグ」で詳しく述べますが、幼少期は**言葉の学習において驚異的な発達**を見せる貴重な時期です。この時期は母語と平行して英語の「音」を一緒に聞くことをメインに、たくさんの英語の「音貯金」を作ってあげるのに最適な時期です。

オーセンティックな音声は、書籍付属のオーディオはじめ、インターネット上でもいくらでも入手できる便利な時代です。

まだ文字を読めない子供ですから、とてもシンプルな表現でよく、英語に苦手意識がある親御さんでも一緒に取り組めます。そして、日常生活の中で、ごくシンプルな表現でもいいのでお子さんとの会話に英語を取り入れてみましょう。

この本では、幼少期のお子さんが喜ぶ語りかけをイメージして、「Let's eat!（食べよう！）」「Good job!（よくできたね！）」など、よく使うシンプルな日常生活の英語表現を152個紹介しています。

英語の子育てでどんな英語表現から学んだらいいのか分からない方のために、月年齢別にまとめていますが、**読みたいページや項目から**読んでいただいても問題ありません。また、**全てのフレーズにイラスト**をつけていますのでどんなシーンで使ったらいいのかイメージしやすいと思います。

さらに、**音声ファイルをダウンロード**できますので、流しておくだけでも効果があります。もちろん一緒に口に出していただくと効果は倍増です！　付属の音声を一緒に聞きながら、繰り返し声に出してください。音声を毎日かけ流して一緒にリピートしているだけでも、子供はあっという間に覚えてしまうものです。ご自身の発音が気になる方は、お手本の音声にできるだけ忠実に耳を傾けて、素直に同じ音とリズムを出すつもりで発音しましょう。間違えても構いません。文字を読めない子供の状況に身を置いて、いったん文字情報からの先入観を捨てて、いわゆる耳コピのようにそのまま聞こえてくる音を再現するようにしてみてください。親が「楽しく」一緒に取り組むことで、子供の英語活動の学習効果は、ぐんと高まります。

長時間でなくてもいいので、毎日20分でも親子の楽しい英語時間を作ってみてください。有名な絵本であればたいていYouTubeで英語での朗読動画を見つけることができます。一緒にセリフを真似してみたり、「Wow! Look at that!（わ〜、あれ見て！）」のように一緒に反応するだけでシナプス（脳の神経細胞同士のつなぎ目のことで、情報を伝達する役割がある）の増強にも効果が出ます。

幼い子供は自分で環境を選ぶことができません。いざ英語が必要になった時に、「難しい！」と壁にぶつかるよりも、幼い頃からパパ、ママと楽しく英語に触れていれば、自然に英語学習へのハードルを下げることができます。本書で紹介する子供への語り掛け表現はシンプルで、一息で言えるものばかりを集めています。英語が苦手な親御さんもどうぞ自信を持って、楽しみながらお子さんと取り組んでください！

目次

CHAPTER

2 音を真似しようとする！？ おすわり期（指さし期） 4～9か月 …47

CHAPTER 3

CHAPTER 4

CHAPTER 5

英語耳を作る！？
認知・行動発達期 2歳半〜3歳半以降……129

プロローグ

「将来のために、子供にはより早く、より効果的な英語学習の機会を与えたい！」

私は英語を教えていて、こういった声を聞くことが増えてきました。

そういった声に応えるべく、自分の子供には

- **自由に英語を使って、“キャリア”において成功を収めてほしい**
- **昇進などのチャンスをつかんでほしい**
- **世界で生きていく広い選択肢を持ってほしい**

と願う親御さん、そして、子育てをきっかけに、ご自身の英語も学び直したいと願っている方々を応援するためにこの本を書きました。

幼児期にフォーカスしたのは、子供の言語のインプット力と柔軟性は無限大であり、英語への先入観がないこの時期に、英語を自然とご家庭に取り入れてもらうことの効果が大きいからです。

私は社会人になってから英語を使って仕事をする中で、英語教育の重要さを改めて認識し、コロンビア大学の大学院で英語教授法（TESOL）を学びマスターを取得しました。

その後暫くニューヨークで働き、帰国後は大学院で共に学んだ浅場眞紀子とビジネス英語の研修会社Q-Leap株式会社を立ち上げました。

主にビジネスパーソン向けに教えている理由は、自分自身がビジネスで英語を使ってきたという背景もありますが、社会的にインパクトを与える役割を担っているこの層にアプローチすることで、世界での日本人のプレゼンスを上げてもらいたいという思いがあるからです。

しかし未だに多くの日本人が、世界の舞台では、存分に力を発揮するレベルには至っていない現実も目にしています。もう少し早い段階で英語に触れ、英語でコミュニケーションをする機会が与えられていたら、これほど忙しい大人が苦労して英語をやり直す必要もなくなるのではと思います。

❶ なぜ小さい頃から英語に触れるといいか？

赤ちゃんは、パパやママが話している言葉を理解しようと、かなり早期の段階で自身の耳を身近な人が使っている言語にチューニングしていきます。

言葉を実際に話し始める前に、大量のインプットをして言語のデータを蓄積し、たくさんの音を聞くことによって言語能力が発達していくのです。

生まれたばかりの赤ちゃんはどんな音も区別できることが様々な研究で分かっていますが、母語の音だけしか聞かない環境が長く続くと、例えば日本語にはない英語のth、f、v、w、などは「聞いたことがない＝必要ない」ものとして脳が反応しづらくなり、いざ英語の正しい音を学ぼうとした時、簡単には聞き取れなくなってしまいます。

「話す力」も同様で、母語を発するのに必要な口周りの筋肉だけが発達してしまうと、日本語にはない英語の音を出すのが難しくなり、日本語なまりの強い発音となる可能性が高まります。

私が教えているビジネスパーソンをはじめとする大人の8割が「I think（思う）…」を「I sink(沈む)」と誤って発音し、指摘してもなかなか直らないのはいい例でしょう。

一方で、大人が1年掛けてようやく正しく聞き取れるようになるような文章を子供であれば1か月で、大人が3年掛けて矯正する英語の発音を幼児であれば、ほぼゼロ時間で正しい音を出すことさえ可能です。

脳や体が柔軟な幼児期に、自然と生活に英語を取り入れ、英語耳も英語口も作ってしまった方が100倍楽なのです。

少し長期的な視点で見ると、仕事で英語を使えるようなレベルを目指すには、「長期戦」の学習が必要です。

一般的には、いわゆる「英語がしゃべれる」状態になるまでざっくり3000時間*かかるといわれています。当然ながら語彙や文法の習得も重要となってきますが、早い段階で英語に慣れ親しんでおくと、その後の英語学習へのハードルをぐんと下げることができます。先入観がない幼少期に、自然とご家庭に英語が入り込んでいる環境が与えるベネフィットは計りしれません。

＊アメリカ国防省の外国語エリートを育てるプログラムでは、英語圏の人が日本語を取得するのに、88週、(2200 授業時間)とされています。授業以外の課題や自己学習に取り組む時間を入れると3000時間は要するという想定からきています。https://www.state.gov/foreign-language-training/

❷ 英語環境が整っている今だからこそ

インターネットの恩恵で、動画やオンラインレッスンなど、瞬時に英語にアクセスすることができるようになったのは素晴らしいことです。英語を自然にご家庭に取り入れることが可能となったこの時代、これらを有効活用しない手はありません。

ただし、幼児期の動画視聴については、注意事項もあります。下記は、デジタル時代、英語時代の子育てをフィーチャーしたニューズウィークの日本版SPECIAL ISSUE (2017年)「0歳からの教育　理想の子育て」からの一部抜粋です。

☑ 動画を見せるのは１歳半以降
☑ 良質な内容に限り、時間もある程度コントロール（２～５歳は1日１時間以内）
☑ 親も一緒に見る
☑ テレビやタブレットを見ていない時は消す
☑ 子供をなだめるためにテレビ・タブレットを使わない
☑ 食事中や寝る前の視聴は避ける

我が家も息子の成長に合わせて絵本や歌の世界から入り、

徐々に動画視聴を取り入れながら家庭での英語時間を増やしてきました。忙しくても、動画を子供に見せるだけになることは、できるだけ避けるようにしています。10分でもいいので、子供と一緒に座って見て、感想を聞いてみたり、理解を助けます。ただ見せるよりもシナプス増強が進み、学習効果が各段に高くなります。具体的なツールやYouTube番組などについては5章のコラムで紹介します。QRコードでダウンロードもできますので、参考にしてください。

ご両親に伝えたいこと

「Fun！　楽しい！　と思えることを大切に」

世界公用語（Lingua Franca）と呼ばれている英語を自由に扱えることで、公私ともに人生の選択肢や経済的・物理的な自由が増えることは、前述したとおりです。

私自身、遅まきながら留学経験や英語力の習得によって、アメリカで働く機会を得、それを通じて広がった世界と人との出会いから、多大なる恩恵を受けてきました。

遠回りもありましたが、英語が自分の世界を広げ人生を豊かにする強力な武器であることを実体験を持って認識しているので、モチベーションが下がることもなく、むしろ英語の上達は、楽しみとなっています。

何事にも「楽しい！」「面白い！」という感情が重要です。「楽しい！」がやる気スイッチとなり、持続力につながりますので、お子さんが英語を自然に好きなってくれるような環境を、ぜひとも作ってあげてください。それはお子さんのこれからの人生への貴重なプレゼントとなり、人生をより豊かに、選択肢を広げてくれることにつながるはずです。

最後にポイントをまとめます。お子さんに英語力をつけさせたいと願ったら、幼少期の頃から以下の3つをぜひ実践ください。

❶ 書籍やテクノロジーの力も借りながら、ご家庭で英語に触れる環境を作ってあげる
❷ 毎日少しでもやり、継続させる
❸ 親子で英語を一緒に楽しみ、共に学んでいく

言語の学習能力が無限大の幼児期から、この3つを実践できれば、英語の「音貯金」を増やし、「英語耳」、「英語口」という一生の贈り物をお子さんに授けることができます。

本書で紹介する子供への語り掛け表現はシンプルで一息で言えるものばかりを集めています。英語が苦手な親御さんもどうぞ自信を持って、楽しみながらお子さんと取り組んでください！

Unlock potential and promote lifelong achievement through early English learning!

2023年　**愛場吉子**

「子育て英会話」とは

子育てに携わる 大人のための学び

この本は子供に英語を学ばせるための本ではありません。

☑ **楽しく英語を使っている姿を子供に見せたい**
☑ **子供に英語を学ばせたいが、自分の英語に自信がないので改めて学びたい**

そんな、子育ての中で英語学習の必要性を感じている大人のための「子育て英会話フレーズ集」です。通常の英語学習では見落としてしまうような、子育てシーンで使えるリアルなフレーズを集めました。

この本を作った人

この本は、言葉に関わる仕事をしている2人のママが作りました。

英語のお作法指導のプロ
愛場吉子先生

TOEIC満点、TESOL（英語教授法）マスターを有し、企業や大学で英語のスピーキングを教えるプロ講師。気まずくならない「英語のお作法」を得意とし、自身の子育てを通じて「子育て英会話」を提唱する4歳児のママ。
「文法的には間違っていない英語でも、ネイティブが聴いたら『キツイ。軍隊みたい（犬のしつけみたい）!?』と驚かれてしまう…そんな落とし穴が意外と多いのが、子育て中に多用する英語フレーズです。この本では、日常生活で安心してお子さんに使っていただける自然な表現を意識して紹介しています！」

赤ちゃんに
言葉の概念を伝えるプロ
大前真理子先生

おしゃべり前の赤ちゃんと手話やジェスチャーを通じて会話をする「ベビーサイン」を中心とした子育てサロンを主宰し、赤ちゃんとの暮らしを応援している。
「実際に発声しておしゃべりをするための歯や筋肉といった、身体的な準備が整うよりずっと前から、赤ちゃんたちの中には言葉のストックがたくさん溜まっていきます。赤ちゃんたちがストックしやすい形でフレーズを日々伝えていくことは、かけがえのないギフトであり、『会話でコミュニケーションを取りたい』という赤ちゃんの欲求を大いに刺激することとなるでしょう。言葉で伝え合う喜びを共有できると、赤ちゃんとの生活がもっと楽しく、なによりラクチンになりますよ♪」

この本の上手な使い方3つのポイント

❶ 赤ちゃんに教える時のコツ

・赤ちゃんの視線をとらえましょう

言葉の概念をつかむには、音だけでなく視覚情報が重要です。赤ちゃんの視野はとても狭いですし、小さなお子さんは集中しているとまったく周りが見えなくなりがち。大人の方から意識的にかがみこんだり、お子さんが集中しているものの間に割って入るなど、工夫して視線をとらえるようにしましょう。しっかり目を合わせてから、ものや動作をきちんと見せて話しかけることが最初の1歩です。

・1フレーズずつ話しかけましょう

英語ができる人ほど、長い文章で話しかけがち。ですが、まだ文節（意味で言葉を区切ったまとまり）を理解していない赤ちゃんにとっては、長い呪文を唱えられたようでハードルが高くなってしまいます。1フレーズをゆっくりと繰り返し伝えてあげることの方が、赤ちゃんにとっては言葉を習得する近道になります。ですから英語が苦手な方でも安心して、1フレーズずつ赤ちゃんと一緒に覚えていくつもりで英語を身につけていってください！

❷ トライしやすい環境を作る

・間違いを指摘しない

いよいよ赤ちゃんからリアクションが！　そこで重要なのが、間違いを指摘しないことです。赤ちゃんの場合は単なる間違いではなく、身体的に未発達なため発音しているつもりでも、できてない場面が多くみられます。勇気を出して声にしてみたのに、ダメ出しされたら大人でもやる気がなくなってしまいますよね？

そんな時はこの魔法のフレーズを使って、正しい発音へ導いてあげましょう。

「そうだね、〇〇って言ったんだね」
Ok, you mean "〇〇."

「そうだね、ジュースをちょうだいって言ったんだね」
Ok, you mean "I want juice."

大人が即座に正しい発音で伝え返すことで、赤ちゃんの言葉への理解が深まります。

そして大好きなパパやママに自分の言葉が伝わったのだという喜びは、自己肯定感が上がることにもつながります。

・ルーティンを大事にする

赤ちゃんはルーティンが大好き！　時間の概念の薄い彼らが生活習慣を身につける際、ルーティンはとても重要です。大人が「今日はお風呂を先にしちゃおうかな」「テレビを見たいからここでオムツを替えちゃおう」なんて場当たり的にお世話をしていると、赤ちゃんは
「あれ、ママがミルクを忘れちゃったの!?」
「ここは遊ぶ場所なのに、いきなり裸んぼにするの！？　怖い!!」
と混乱して大泣き…。ぐずっている原因はそんなところにあるかもしれません。

お世話する場所や順序、時間帯をなるべく同じにすることで赤ちゃん自身も見通しが立つようになり、安心して過ごしてくれるようになります。そのタイミングで適切に声掛けすることで、「ご

はんの時間だ！」「これからお風呂なんだな！」と、物事と言葉が結びつき、言葉を吸収していってくれるのです。その時大事なのは、お世話する人が変わっても声掛けを含めたルーティンを変えないことです!!

・親同士も英語フレーズで声かけをし合う

言葉の概念を伝えるために「コミュニケーションツールである」と理解してもらうことも忘れてはいけません。赤ちゃんにフレーズをインプットすることに必死だと、言葉は会話するための手段だと忘れがち。パパとママ同士がフレーズを使って声をかけあう場面を、日常的に赤ちゃんに見せてあげることを、積極的に行ってください！

③ いきなり全部のフレーズを覚えようとしない

・気になるシーンのフレーズだけでOK！

最初から全部のページの英単語を覚える必要はありません。成長と共に赤ちゃんの行動範囲が広がることで、親が使いたいフレーズも増えていくので、それに合わせて自然と覚えていけるはず。

・迷ったらChapter 1の20フレーズだけ丸暗記

Chapter 1には子育てで長く使うフレーズがギュッと詰まっています。その20フレーズだけでも赤ちゃんとの生活で自然と口に出せるようになれば、自信を持って英語で赤ちゃんに声掛けできるようになってくるでしょう。この本とにらめっこしながら子育てをしていてはもったいないので、赤ちゃんと目を合わせながら、まずは20フレーズの声掛けからチャレンジしてみてください！

・音声をダウンロードして、英語の発音を押さえる

下記のQRコードより、音声をダウンロードして、英語の発音を確認してください。また、かけ流しをすると、赤ちゃんが、英語の音声を覚えていきます。発音のチェックと英語音声の習得にぜひご活用ください。

CHAPTER

1

1日のほとんどを
寝て過ごしていても
周りの音を聞いている!?
ねんね期

0〜3か月

CHAPTER

1 ねんね期

0〜3か月

1日のほとんどを寝て過ごす時期。
反応は弱いですが、赤ちゃんの耳はしっかり聞こえてくる音や周りの人の声に向けられています。両親が話す母音にチューニングをあわせ、「あーあー」と真似することも。赤ちゃんの近くに顔を寄せて、明るく楽しいトーンでフレーズを言うようにしましょう。

※ご紹介する表現は、3か月以降の月齢のお子さんにも引き続き使えます。

この時期の赤ちゃん

ママのお腹の中から外の世界へやってきた赤ちゃん。環境の変化に順応するべく、体も心も日々変化をしています。赤ちゃんは泣くことでしか意思表示が難しい時期ですが、パパママが仕草や様子をよく観察して赤ちゃんの泣き声に応えてあげることで、親子の信頼関係が育まれます。アイコンタクトを意識しながら、いっぱい触れ合って、いっぱい語りかけてください。こうして安心感が生まれることが、今後の成長にとってとても大事なベースとなります。

こんな遊びがおすすめ

・絵本やおもちゃは白黒赤などコントラストの強い配色や、●▲■といった幾何学模様で構成されたシンプルな絵柄などを選んであげるといいでしょう（大人好みのインテリアに合わせた優しい色使いのものは、残念ながら赤ちゃんには見えづらいのです）

・赤ちゃんの体の色んなところをコチョコチョしたり、なでてあげるなどして刺激を与えましょう。パパママが抱っこに慣れてきたら、軽く揺らしたり、少し強くギュッと抱いてみたり、変化をつけて楽しませてあげてください。その時、アイコンタクトと語りかけも忘れずに。生後2か月以降あたりから、こちらの笑顔に赤ちゃんが反応し始めてくれます

1 ☑おはよう！ Good morning!　☑やあ！ Hi!

発音は「グッモーニン」に近くなります。日本語のグッドモーニングにならないように。
朝以外であれば、Hi!が万能。いずれも200%の笑顔と元気と共に！

2 ☑ いないいないばあ！ Peekaboo!

遊び
愛情・触れ合い
共感
声掛け
確認
注意
促し

CHAPTER 1
1日のほとんどを寝て過ごしていても周りの音を聞いている!? ねんね期 0～3か月

「ピーカブー」はpeekaの時に**両手で顔を隠し**、boo!の時に顔を出します。booには日本語の「ばあ！」の意味があります。

3

☑かわいいね～ ☑愛らしい！
So cute! Adorable!

「かわいい」には、cute「キュート」が使われます。So「ソウ」をつけて強調します。**愛らしさを表す**adorable「アドーラボー」も並べて言えると表現豊かに。

4 ☑ いい子だね～ Good boy! / Good girl!

男の子なら「グッボーイ」女の子なら「グッガール」頭をなでたり、ハグしながら言ってみましょう。Goodを日本語読みの「グッド」にならないように気をつけましょう。dの後に余計な母音のoをつけると、Goodoのようになり不自然な英語に聞こえます！

5

☑ 着替えよう！
Time to change!

「タイム・テュ・チェインジ」Time to＋動詞の原形「〜する時間」は、ありとあらゆるシーンで使えます。着替えることは、changeの一言で表せます。Time to wake up.（起きる時間）、Time to sleep.（寝る時間）、Time to go home.（おうちに帰る時間）などもよく使われる表現です。

6

☑ お腹すいた？ ☑ ミルクの時間だよ！
Are you hungry？ Milk time!

ミルクをあげる時に聞いてみましょう。「喉かわいた？」ならAre you **thirsty**?

7

☑お眠さんだね～ ☑お昼寝しよう!
Sleepy baby. Time for a nap!

お昼寝は英語でnap。発音はナアッ(プ)に近く、母音の「ア」を強く言ってpは唇をはじくのみでほぼ聞こえなくなります。Time for＋名詞で「～の時間」を表し、こちらも便利！Time for a hug.（ハグする時間）Time for lunch.（昼食の時間）Time for a bath.（お風呂の時間）などもよく使われる表現です。

8 ☑おやすみ Good night, baby. ☑いい夢を見てね Sweet dreams!

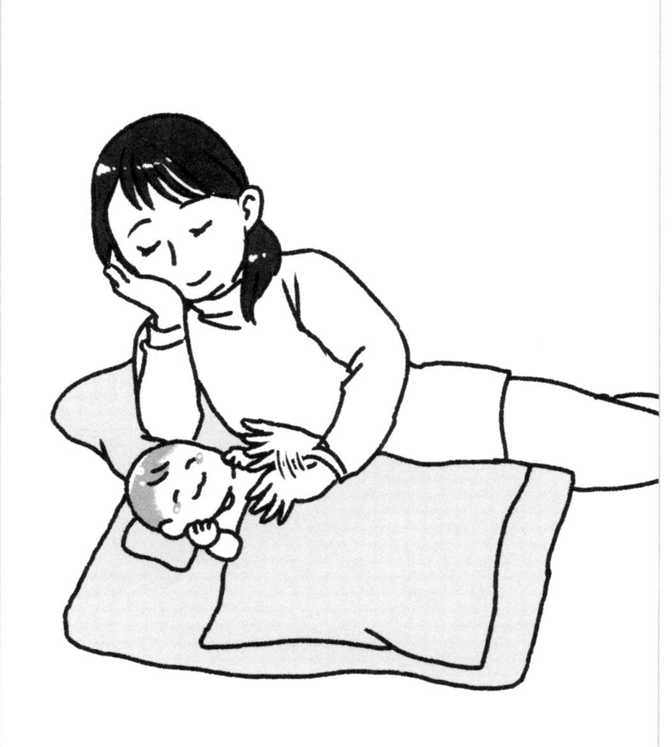

Sweet dreamsは文字通り「スイートな夢を」という意味で、dreamsが必ず複数になるのがポイント。発音は「スウィー・デュリームズ」に近くなります。

9

☑ お風呂に入ろう！ Let's take a bath!
☑ 顔を洗おう！ Let's wash your face!

遊び
愛情・触れ合い
共感
声掛け
確認
注意
促し

「お風呂に入る」はtake a bath「テイカバス」。シャワーだけだとtake a shower「テイカシャウワー」に。洗う時はLet's wash your face / hair / bottom.「（顔、髪、お尻）をきれいにしよう！」とそれぞれ部位を言ってみて！

10 ☑ オムツを替えよう！ Let's change your diaper!

オムツはdiaper「ダイパー」。Diaper change!　一言フレーズでもOK！
余裕があれば、Did you **pee**?（おしっこした？）Did you do **a poo-poo**?（ウンチした？）も使ってみましょう。

11

☑ お顔拭くね～
Let me wipe your face.

遊び
愛情・触れ合い
共感
声掛け
確認
注意
促し

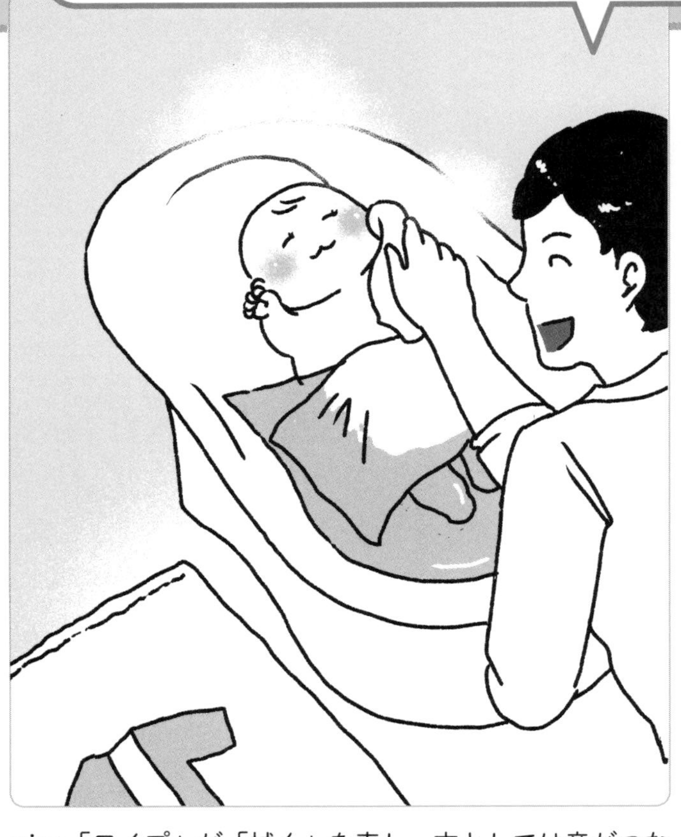

wipe「ワイプ」が「拭く」を表し、文としては音がつながって「レッミーワイピョーフェイス」のような音になります。Let me＋動詞の原形は、「～させて」を意味する頻用表現。Let me help you.（お手伝いするね）などもよく使われる表現です。

12

☑抱っこしようね
I'll carry you.

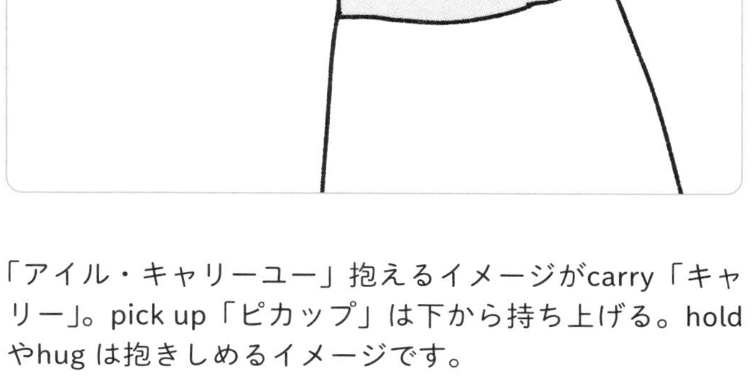

「アイル・キャリーユー」抱えるイメージがcarry「キャリー」。pick up「ピカップ」は下から持ち上げる。holdやhug は抱きしめるイメージです。

13 ☑ ママ／パパが恋しかったのね～ You missed me!

遊び

愛情・触れ合い

共感

声掛け

確認

注意

促し

You missed me!「ユーミステュミー」はママ、パパがそばに居なくてぐずっていた赤ちゃんへの声掛け表現。動詞のmissには、「恋しく思う」という意味があります。I miss you!（会いたい！）は有名ですね。

14 ☑痛っ！ ☑それは痛いね～
Ouch!　That really hurts!

Ouch「アウチッ」は、痛っ！を表します。赤ちゃんが何かにぶつかって痛がったら、この表現で同情してあげましょう。hurts「ハーツ」は動詞hurt「痛む」の三人称単数。reallyで強調します。

15

☑ かわいそうに
Poor baby.

poorにはかわいそう、あわれなという意味があり、赤ちゃんに同情する時に使えます。発音はプアベイビーよりも、「ポーアベイビ」に近くなります。

16

☑ ほら、じいじがきたよ！
Look! Grandpa is here!

Look! は文字通り「ほら見て！」～ is hereで「～がここにいるよ！」を表します。赤ちゃんに誰かが会いにきてくれたら紹介してあげましょう。

17 ☑ このタオルふわふわしてるね
This towel is fluffy.

遊び
愛情・触れ合い
共感
声掛け
確認
注意
促し

赤ちゃんと感触を共有するフレーズです。ふわふわを表すfluffyは「フラフィー」が近い音です。silkyは（絹のように）なめらかな感触を表します。「This cat has silky fur.（この猫はすべすべの毛をしているね）」のようにも使います。

18 ☑ベビーカーで出かけよう
Let's go out in the stroller.

これからお外に行くよ～という時の声掛け表現です。stroller「ステュロゥラー」はbuggy「バギー」と共にベビーカーを表します。

19

☑ 抱っこ紐で出かけよう
Let's go out in the baby carrier.

抱っこ紐はbaby carrier「ベイビー・キャリアー」です。
in the baby carrierで抱っこ紐の中に入ってという状態を表します。

20

☑寒い？（暑い？）
Are you cold? (hot?)

赤ちゃんがどう感じているかを尋ねる表現です。返答が無くても、様子を観察しながら声掛けしましょう。coldはコールドではなく「コウル（デュ）」に近くなります。並べてhot（暑い）「ハッ（テュ）」やitchy（痒い）「イッチー」もよく使います。

英語の歌紹介　Twinkle, twinkle, little star（きらきら星）

♪

Twinkle, twinkle, little star,
きらきら輝く、小さな星よ
How I wonder what you are!
あなたは一体なにものでしょう！
Up above the world so high,
世界の上空はるかかなたで
Like a diamond in the sky.
空のダイアモンドのよう
Twinkle, twinkle, little star,
きらきら輝く、小さな星よ
How I wonder what you are!
あなたは一体なにものでしょう！

"twinkle, twinkle"と言う時に、両手をひらひらさせて、きらきらのジェスチャーをしながら歌いましょう！

CHAPTER

2

音を真似しようとする!?
おすわり期（指さし期）

4〜9か月

CHAPTER

2 おすわり期(指さし期)

4〜9か月

寝返りが打てるようになり、おすわりの姿勢をさせると、ものを指したり、手に届くものをつかもうとしたりします。
音が出るおもちゃにも興味を示します。
周囲から聞こえてくる音に反応し、まだ言葉にはならなくても、周りの人が発する音を真似しようとするようになります。
日本語だけでなく英語の音にも触れさせ、寝る前に絵本を読み聞かせる習慣をつけましょう。

※ご紹介する表現は、9か月以降の月齢のお子さんにも引き続き使えます。

この時期の赤ちゃん

首がすわり、思い通りに動かせるようになった赤ちゃんは、周りを見渡せるようになります。そのため姿勢を変え全身で動くことに積極的になり、手足の動きがより活発になるのです。意思を持って要求する態度もみられるようになり、泣き声に変化をつけたり、「ああー」などと声を出してパパママにアピールすることも。またパパママなど特定の相手に愛着を抱き、「抱っこして」「お顔を見せて」など関りを求めて喜ぶ姿が見られるようになります。
しっかりおすわりができるようになると両手が使えるため、ものに触れたり、つかんでしゃぶったりと、触感や性質を確かめることを始めます。パパママは誤飲に注意が必要になる時期です。特定の相手への愛着がさらに深まる一方で、人見知りが顕著になるのもこの時期です。

こんな遊びがおすすめ

・首が座って視界が広がった赤ちゃんには、プレイジムなど上から吊るして手の届くおもちゃで、遊ぶのが良いでしょう。さらに上下左右への動きを促すのがおすすめです
・ガーゼの片側をつかませて引っ張りっこをすると、その強さにパパママが負けてしまうことも！？「勝った〜」「負けた〜」と大きくリアクションをとって楽しんでください
・同じくガーゼを使って行う「いないいないばあ」も、しっかりアイコンタクトをとれる遊びでおすすめです。見えなくなって、また見えての繰り返しが、「自分の見えないところにも世界が広がっているんだ」と赤ちゃんの好奇心を育てます
・おすわりができるようになった赤ちゃんはさらにやりとりができるようになるため、お気に入りのおもちゃをガーゼで隠して「どこどこ？」と探す遊びに発展します。赤ちゃんがパッとガーゼを外すとおもちゃがパッとあらわれる。小さいものなら握った手の中に隠して「どっちだ？」と遊ぶのもおすすめ。その際に隠していたものの名前を英語で覚えるのにもちょうどいい遊びですね。赤ちゃんは繰り返しが大好きなので、いずれの遊びも赤ちゃんが飽きるまで何度も繰り返してあげてください
・色や形を楽しむ絵本から、人物や動物の出てくる絵本に興味を持つようになってきます。繰り返し読んであげることで、単語に対して視線をやったり指をさしたり反応するようになります。まだしゃべることはできなくても、おしゃべりできる日に向けてちゃんと言葉が蓄積されているのです

21

☑ おはよう！よく寝た？
Good morning! Did you sleep well?

遊び
愛情・触れ合い
共感
声掛け
確認
注意
促し

sleep wellで「よく眠る」を表します。過去形の疑問文ですが、文法を意識せず「型」として発しましょう。元気200％の笑顔で！

22 ☑ 凄いね！ Good job! Good choice!

褒める表現です。些細なことも褒めてあげましょう！手の親指を上向きに上げるジェスチャーとセットで言いましょう。発音は子音d、bで終わるのがポイントで「グッ(d)ジョ(b)」に近くなります。カタカナ英語のGoodo Jobuにならないように。自分で何かを指したりつかんだりする時期なので、Good choice!（凄いね！いい選択！）も使えます。

23 ☑ お腹すいた？ミルクを飲もう！
Are you hungry? Let’s have some milk!

haveは「飲む・食べる」を表現する際に共通で使える便利な動詞です。Let’s have some apple juice / soup / rice!などもよく使う表現です。

24

☑ もう起きたかな？（そろそろおっきしようか？）
Are you wakie-wakie now?

wakie-wakie（ウェイキー、ウェイキー）はwake up（目を覚ます）の幼児語です。get upだと、目を覚ますだけでなくベッドから起き上がって動くイメージです。

25

☑ お風呂に入ろう！シャンプーしようね
Let's take a bath! Shampoo your hair.

shampooは動詞として使えます。「髪を洗う」を表す時にはwashと同じ感覚で使いましょう。ちなみに日本語とアクセントの位置が異なり後半のshampooにアクセントがつきます。

26

☑お水温かいね！
The water is warm!

お湯を触りながら、感覚を表現します。wの音は日本語にないので、思い切って唇をアヒルのように前に出して強い「ウ」の音を出しましょう。waterもwarmもwaは「ウォ」に近い音です。ワーではなく。hot（暑い/熱い)、cold（冷たい）もセットで使いましょう。

遊び
愛情・触れ合い
共感
声掛け
確認
注意
促し

CHAPTER 2

音を真似しようとする⁉
おすわり期（指さし期） 4～9か月

27

☑ おすわりしようね
Sit down. / Have a seat.

動き回る赤ちゃんに「座る」というアクションを意識づける英語表現です。sitが、shit（公的に使えないNGワード）になってしまうと大変なので、発音にはくれぐれも注意しましょう。自信がない人はhave a seat（席につく）を使うと安全です。

28

☑公園に行こう！ Let's go to a playground!

公園と聞くとparkを思い浮かべる人が多いですが、遊具などがある子供の遊び場は**playground**（プレイグラウンド）がよく使われます。

遊び
愛情・触れ合い
共感
声掛け
確認
注意
促し

CHAPTER 2
音を真似しようとする!? おすわり期（指さし期） 4〜9か月

29 ☑ 月が見える？ Can you see the moon?

「見て見て！」は、指さし期の子供とのコミュニケーションで頻発します。
lookは、注意を向けて見ることを表し、Look at ～の形で使います。seeは「目に入る」というニュアンスになります。Can you see ～?の代わりにDo you see ～?を使うこともあります。

30 ☑聞こえた？ Did you hear that?

音に注意を向けさせる時の表現です。hearは「耳に入る」という意味で“Did you hear the ducks say quack quack?”だと「アヒルがクワックワッて鳴いたの聞いた？」になります。一方、注意深く聴く時はlisten「聴く」を使います。

31

☑いい天気！
Nice weather!

窓を開けて外を見る時、外に出た時など、その日の天気を表現してあげましょう。
weatherはできるだけthを正しく発音したいですね。上と下の歯の間に挟む感じで息を出しましょう。Nice weather, **isn't it?**「いい天気じゃない？」のように付加疑問文にするとより自然な会話らしくなります。

32

☑本を読もう！ Let's read a book!

絵本タイムに赤ちゃんに本を見せながら楽しそうに話しかけましょう！

33

☑ 大丈夫だよ。パパ/ママはここにいるよ
It's OK, baby. Daddy / Mommy is here.

赤ちゃんが泣いた時に安心させる表現です。You are safe「あなたは安全、大丈夫だよ」を加えてあげてもいいですね。

34

☑ あれはなに？ What's that?

こちらも毎日使いたい表現。お散歩に出かけて目に映るものをいろいろ教えてあげましょう。

35

☑ これが欲しいの？ Do you want this?

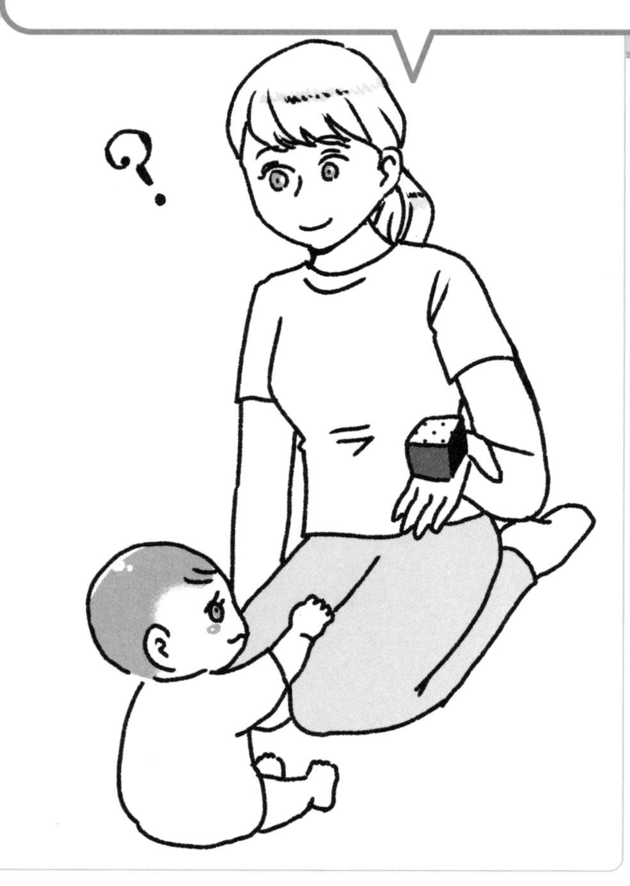

遊び
愛情・触れ合い
共感
声掛け
確認
注意
促し

子供が指をさしたり、つかみ取ろうとしているものがあったら、この表現で確認しましょう。Do you want〜の発音は、基本連結させて「デュユワン〜？」のように一息で言うのが自然です。

36 ☑ あれを取ってもらいたいの？
Do you want me to get that for you?

やや長い文に感じますが、Do you want me（私にしてほしい）とto get that for you（あれをあなたに取る）の2つの塊として処理すると言いやすいでしょう。

37

☑ あーんして！美味しいね～
Open your mouth! Yummy!

食べさせる時に、お口を開けてもらう表現です。**mouth**が**mouse**（ネズミ）にならないようにthの音を意識しましょう。yummyは「美味しい」の赤ちゃん言葉です。deliciousも一緒に使うと効果的。

38 ☑テディベアはどこかな？ Where's your teddy?

Where's 〜?は何かを探す時の定番表現ですね。「ウェアリズ」に近い音です。頻出のWhere're you?「あなたどこ？」も並べて覚えてしまいましょう。

39

☑ あ、あそこにあった！
Oh, it's right there!

遊び
愛情・触れ合い
共感
声掛け
確認
注意
促し

探していたものが見つかった時に使います。少しテンション高めに言うのがポイント。right thereは音がつながって「ライッデァ」に近い音になります。

40 ☑ はい、どうぞ
Here you go. / Here you are.

短くて言いやすいですね。何かを相手に差し出したり、渡したりする時、この表現を常に口に出していると、子供もあっという間に覚えて使うようになります。

英語の歌紹介　Wheels on the Bus

1930年代頃に作られ有名になったアメリカ発のフォークソングです。メロディーがシンプルで、小さな子供とジェスチャーをつけながら歌うととても楽しい曲です。様々な歌詞のバリエーションがあるので語彙力アップにも効果的です。

♪

The wheels on the bus go round and round
バスの車輪はぐるぐる回っている
Round and round, round and round
回って、回って、回って、回って
The wheels on the bus go round and round
バスの車輪はぐるぐる回っている
All through the town　街中で

The doors on the bus go open and shut
バスの扉は開いては閉まり
Open and shut, open and shut
開いては閉まり、開いては閉まり
The doors on the bus go open and shut
バスの扉は開いては閉まり
All through the town　街中で

The wipers on the bus go swish-swish-swish
バスのワイパーがスウィッシュと音を立てる
Swish-swish-swish, swish-swish-swish
スウィッシュ スウィッシュ スウィッシュ
The wipers on the bus go swish-swish-swish
バスのワイパーがスウィッシュと音を立てる
All through the town　街中で

これ以降もVerseが続きますが、Cocomelonのフルバージョンはこちらから見られます＆聞けます

https://genius.com/Cocomelon-wheels-on-the-bus-lyrics

CHAPTER

3

英語を取り入れる機会を増やせる!? はいはい・あんよ期

9か月〜1歳半

CHAPTER

3 はいはい・あんよ期

9か月〜1歳半

動ける範囲が広がり、好奇心と探求心が爆発！大人の行動に興味を持ち、パパやママとの直接のコミュニケーションがとても大切になります。
生活の中で英語を取り入れる機会を増やす工夫をしましょう。
話しかけはもちろん、英語の絵本を見せたり、様々な英語の歌を聞かせるのが効果的です。

※ご紹介する表現は、１歳半以降の月齢のお子さんにも引き続き使えます。

この時期の赤ちゃん

はいはいからつかまり立ちをする時期の赤ちゃんは、「あれがしたい！」「これが嫌だ！」と要求するようになる時期です。その要求になるべく応えていくためには、パパママを始めとする赤ちゃんに関わる大人が一貫性をもって接することが重要です。おうちでルールを決め、「遊びたいんだね、ここは自由に触ってOKだよ」「ねんねの時間だから終わりにしようね」など声掛けしながら関わりましょう。オムツを変える場所や授乳する場所も、定位置を決めてあげると赤ちゃんは安心するようになるので「お腹減ったけど、ここに来たってことはミルクをもらえるんだな！」と理解し、泣かずに待てるようになることも！いくつかの言葉も理解するようになり、大人の行動や表情を読み取るようになります。

さらに伝い歩きやあんよ（歩くこと）を始めると、行動範囲が広がるため好奇心が旺盛になり、おもちゃ以外の生活用品にも関心を持ち触りたがるようになります。喃語（言語を話せるようになる前の赤ちゃんのおしゃべり）に会話らしい抑揚がついたり、いくつかの単語を話し始めるのもこの時期です。

こんな遊びがおすすめ

・はいはい期の赤ちゃんにはトンネル遊びや、ボールを転がして追いかけるなど、移動する意欲を刺激する遊びがおすすめです
・積み木やブロックをカチカチと打ち合わせたり、タンバリンや太鼓といった打楽器でリズムを楽しむのも大好きです
・鏡を一緒にのぞきこんだり、鏡の中で「いないいないばあ」をすることで、赤ちゃんが「自分」とパパやママは別の存在なのだと実感し始めるのもこの時期だと言われています
・あんよ（歩くこと）の時期になると手指も発達するため、ねんど遊びやフィンガーペイント（指を使って絵具で絵を描く）など器用さや集中力を養う遊びがおすすめです
・絵本は短いお話や、一日の生活の流れが描かれたような内容も好むようになります。生活の中で使う英単語をいっぱい語り掛けてあげるチャンスです！

41 ☑ハイタッチ！ High five!（両手ならHigh ten!）

2人の手のひらを高いところでパチンと合わせるジェスチャーは日本語では「ハイタッチ」がよく聞かれますが、英語では5本の指を開いていることから「**ハイ・ファイブ**」と言われます。両手だと指が10本なので**High ten!**ですね。ちなみにこの時英語圏では、バチンと音が出るくらい強めにたたくことが多いです。

42 大丈夫？ Are you OK?

子供が転んだり、何かにぶつかったり、様子がおかしい時など、様々な状況で使います。使用頻度が非常に高いので、日常的に使っているとあっという間に子供も覚えます。リズムとしてはAreが非常に弱く、you OK?しか聞こえないことも多いです。

43

☑ 起きて！ Wake up!

Wake upは「目を覚まして！」という意味で、必ずしもベッドやお布団から起き上がることを意味するわけではありません。「起きて起きて～」と促す時の表現には“Wakie－wakie!（ウェイキー、ウェイキー）”があります。

遊び
愛情・触れ合い
共感
声掛け
確認
注意
促し

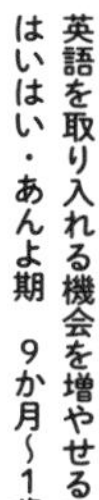

44

☑起きて！
Get up!

横になっている体を起こして立ち上がる表現がGet upです。週末の朝に起きてこないパパママにGet up ～～!!と子供が促すシーンは微笑ましいですね。

45

☑朝ごはんの時間だよ！
Time for breakfast!

これからのアクションを促す時に便利です。Time for＋名詞で「～（するための）の時間」を表します。正式な文だとIt's time for ～のようになります。Time for a walk.（散歩の時間だよ）、Time for a hug.（ハグする時間だよ）、Time for bed.（ベッドタイムだよ）などもよく使う表現です。

46

☑ 手を洗ってね
Wash your hands.

いろいろなものを触りたがるので、手を洗う機会が増えますね。手洗いの度にWash your handsを繰り返しているとすぐに覚えてくれます。手を拭く（乾かす）はDry handsです。

47

☑ 髪をとかそう！ Let's comb your hair!

遊び

愛情・触れ合い

共感

声掛け

確認

注意

促し

combの発音は「コォウム」に近く、bは発音されません。朝出かける前やお風呂の後にこのフレーズを言いながら一緒に髪をとかしましょう。髪用のブラシは、hair brushと言います。

48

☑ギューしよう！ Let’s hug!

日本と比べて英語圏ではギュっとハグする頻度が家族だけでなく友人、知人の間でも高いです。High Fiveと同じで、ハグする時も遠慮がちに両手を回すのでなく、がっしり抱きしめ合うことが多いです。

遊び
愛情・触れ合い
共感
声掛け
確認
注意
促し

CHAPTER 3

英語を取り入れる機会を増やせる!? はいはい・あんよ期 9か月～1歳半

49

☑ キスして！
Give me a kiss!

Give＋人＋もの・ことで、「人に～をあげる」という意味があり、ここでは命令文なので「～をちょうだい！」を表します。キス以外でもGive me a hug!（ハグして！）など様々な場面で使えます。

50

☑ 寝る時間だよ
It's time to go to bed.

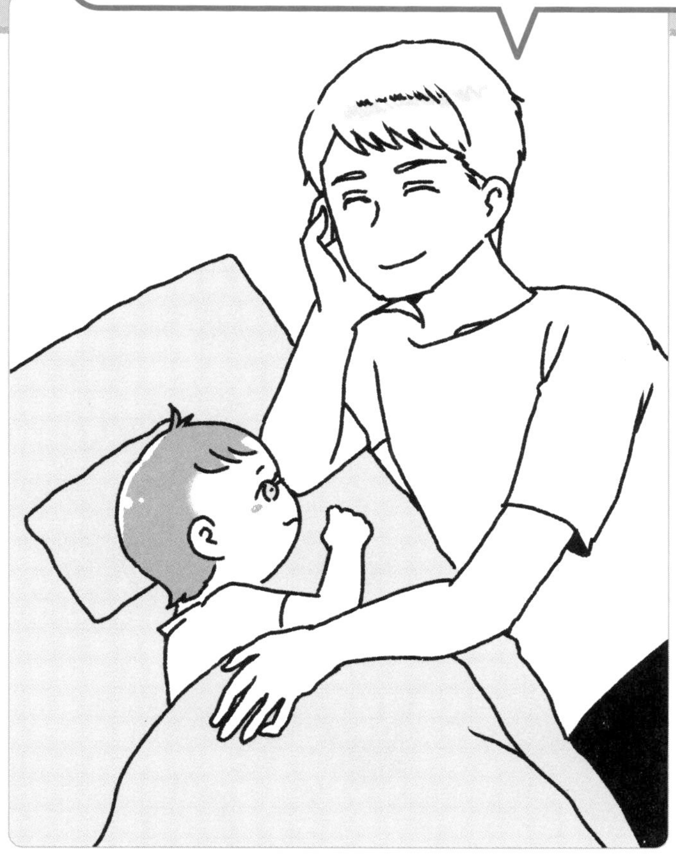

toの後ろに動詞を伴って「〜（to以下）する時間だよ」と行動を促します。It's time to leave!（出発する時間だよ）、It's time to say goodbye.（さようならいう時間だよ）などもよく使う表現です。

51 ☑ お口から出して！ Spit it out!

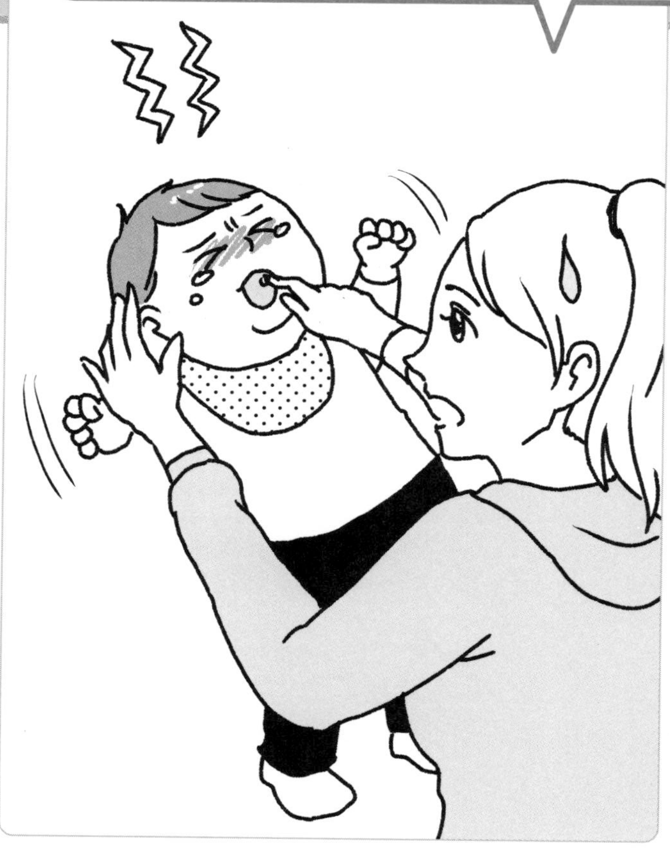

spitは「吐く」を表す動詞です。いけないものを口に入れてしまった赤ちゃんに「吐き出して！」と咄嗟に伝える表現です。3つの単語がつながり、かつ早く言われるので、Spititout（スピティタアウ）のように聞こえます。

52

☑引っ張ってみよう！ Let's pull it!

pullは「引っ張る」を表します。push（押す）とセットで教え、おもちゃなどで一緒に遊んでいる時に使ってみましょう。pullを発音する時、lで舌が上歯の裏側にぴたっとついているか、確認しましょう。

53 ☑引っ張らないで！ Don't pull it!

「〜をしないで！」のDon'tを使うことも増えてきますね。Don't do that（それしないで）や、Don't touch it（それ触らないで）のように、危険回避や何かの行為の禁止をさせたい時に使いましょう。発音は「ドーント」ではなく「ドウンテュ」に近い音です。

54

☑一口食べてみよう（一口なめてみよう）
Take a bite / lick.

a biteは名詞で使うと「かみ切ったひと片」を表します。食べ物を口に運んであげて「一口かじってごらん」と勧める時はTake a bite.あるいはHave a bite.を使います。同様にa lick「ひとなめ」も使えます。

55

☑スプーン／フォークで食べようね
Eat it with a spoon / fork.

手づかみではなく、スプーンやフォークで食べさせたい時に使います。アンパンマンなど好きなキャラクターのものなら、with your Anpanman spoon / fork（君のアンパンマンスプーンで食べよう）のように言うと乗ってくれそうですね。

56 ☑ よく噛もうね Chew it well.

chew（チュウ）は、チューイングガムからも想像できるように奥歯でしっかり噛む、もぐもぐすることを表します。一方biteはかじるに近いニュアンスです。子供が食べ物をあまりしっかり噛まずに飲み込んでいるような時はChew, chew, chew!と促しましょう。

57

☑ 手を上げて
Raise your arms.

子供の着替えをさせる時など、手を上げさせたい状況は多いものです。raise（レイズ）には「〜を上げる」という意味があり、liftでもOK。両手を上げてほしいなら、複数のsをつけてarms、handsとするのを忘れずに！

58 ☑片足を上げて Lift one foot / leg.

ズボンや靴を履かせる時に大活躍する表現です。liftで、持ち上げることを表します。footは足（足首から先）、legは脚です。ついでに左右left / rightも覚えて左足left（foot）、右足right（foot）も使ってみてください。

59 ☑ もう片方の手を出して
Give me the other hand.

何かが2つしかない時、**one**（片方）**the other**（もう片方）がセットで使われます。「もう片方の靴」ならthe other shoeとなります。

60 ☑ こっちにおいで！ Come over here!

こちらに来させたい時の表現です。Come hereでもOK。overをつけると「こちら側に」のニュアンスが加わります。3単語を引っつけて「カモーヴァーヒア」のように言うのが自然。

英語の歌紹介　Head, Shoulders, Knees and Toes

あたま、かた、ひざなど、体や顔のパーツにテンポよく触れながら、楽しく英語も学べる定番ソングです。シンプルな歌詞とメロディーですが、ゆっくりから徐々にスピードを速くして、ゲーム感覚で楽しむことができます。

♪

Head, shoulders, knees, and toes, knees and toes.
あたま、かた、ひざ、つまさき、ひざ、つまさき
Head, shoulders, knees, and toes, knees and toes.
あたま、かた、ひざ、つまさき、ひざ、つまさき
And eyes and ears and mouth and nose.
そして、目と耳と口と鼻
Head, shoulders, knees, and toes, knees and toes, knees and toes.
あたま、かた、ひざ、つまさき、ひざ、つまさき

CHAPTER

4

音声や動画などの
メディアを使ってインプット!?
興味津々活動期

1歳半〜2歳半

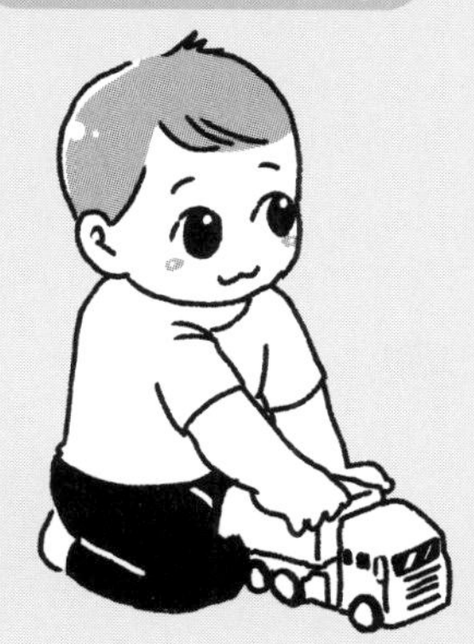

CHAPTER 4 興味津々活動期

1歳半〜2歳半

母国語では、言葉の数が増え、「いっぱい食べた！」など単語をつなげて話すようになります。徐々に母国語での吸収と理解が強くなり、一方で聞き慣れない外国語の音への感度や柔軟性が徐々に落ちてくる時期でもあります。音声や動画などのメディアも活用して思いきって英語のインプット量を増やしましょう。ものの名前は、日本語だけでなく、英語でも繰り返し教えてあげましょう。

※ご紹介する表現は、2歳半以降の月齢のお子さんにも引き続き使えます。

この時期の赤ちゃん

歩くだけでなく、自分で椅子に座る、階段をのぼるなど行動範囲が広がり、運動機能もUPする時期。大人の言うことが分かるようになり、自分でも片言や手振りで意思を伝えようとし始めます。なんでも「自分で！」とやってみたい気持ちが強くなるので、パパママは関りに少し難しさを感じる時期かもしれません。でもこれがパパママになんでもやってもらう時期を卒業する大事なタイミングなので、危険のない範囲でなるべく寄り添って赤ちゃんのチャレンジを手助けしてあげましょう。

「何をしたいの？」「やってみようか？」「お手伝いが（ママに）必要だったら教えてね」など声掛けをしたり、「ここまでは（ママと）一緒にやろうか」と本人の意思を確認しながら手伝ってみてください。

また、見通しが立つと安心する時期なので、その日をどんな風に過ごすのかスケジュールを事前に伝えてあげたり、やり方の手本を見せてあげてから道具を渡してあげると落ち着いてくれるかもしれません。

こんな遊びがおすすめ

・身体能力がUPし、幼児用の滑り台をのぼったり、すべり降りたりできるようになる時期です。またボールを投げたり蹴ったりも意図的に行えるようになります。ボールを「もっと遠くへ投げたい」と目標を持ったり、工夫をすることでできなかったことができるようになるなど、考え方の成長もみられます

・道具を使うのも上達する時期なので、はじめは太めのクレヨンでのお絵描きなどがおすすめです。その際は上手下手を評価するのではなく、「これは何が描いてあるのかな？」「黄色を使ったんだね」など会話を楽しむ材料にしましょう

61

☑ 押してごらん
Push it. / Press it.

pushは何かを押してモノを動かすニュアンスです。一方、単にボタンを押す時などはpressを使います。

62 ☑「ありがとう」って言ってごらん Say "Thank you."

適切なタイミングで何かを言わせたい時Say "○○"（○○って言ってごらん）と教えてあげます。謝らせたい時はSay "Sorry." 人に挨拶させたい時は Say "Hello!" です。

63 ☑「かして」って言ってごらん？ Ask “Can I use it?”

許可を求める時はask（尋ねる）を使い、Can I use it?（それ使っていい？）などが後ろにきます。Ask “Can I eat this?”（これ食べていい？って聞いてごらん）などはよく使う表現です。

64 ☑気をつけて！ Be careful!

子供のはらはらする動きを見ると頻発する表現。Beはあくまでも軽くcarefulを強くしっかり発音します。

65

☑ そこで止まって！
Stop there!

飛び出しそうな子供や、何か好ましくないことをやめさせたい時に使います。“Stop it!” のように、（それを）止めて！も頻繁に使われます。

66

☑ 触ってごらん Touch it.

触るはtouch。この表現を使いながらいろんなものの感触を経験させてあげましょう。逆に触ってほしくない時はDon't touch it.になりますね。

67 ☑ ジャンプしよう！
Jump! (Let's jump up and down.)

遊び
愛情・触れ合い
共感
声掛け
確認
注意・促し

英語のjumpは脚の力を使って高くジャンプするイメージですが、トランポリンなどでぴょんぴょん跳ねたり、ボールが地面を跳ねるような時はbounce（バウンス）を使います。

68 ☑そこにのぼらないで！ Don't climb there!

のぼれそうなところにはどこにでものぼりたい年頃。のぼるはclimb（クライム）、bは発音しません。crimeだと「犯罪」という意味になるので、rではなく正しいl（舌が上の歯の裏にぴったりつく）の音を出しましょう。のぼってしまった子供に「そこから降りなさい！」と言いたければGet down from there!を使いましょう。

69

☑ 危ないよ！
That's dangerous!

火を使って料理をしている時や道路を歩いている時など、「危ない！」というタイミングで連発して、危険＝dangerousを、しっかり音でたたき込みましょう。

70

☑ 右に曲がって〜！ Turn right!

Turnは曲がることを表します。左右の認識がしっかりついてきたら、left shoe（左の靴）、right sock（右の靴下）など、英語でもどんどん言ってみましょう。右のrightを誤ってlightの発音でいってしまうと光のライトを表すので要注意！

71

☑ 上を見て！
Look up!

上下up－downも様々な動詞との組み合わせで使います。Look up（上を見る）の逆はLook down（下を見る）。エレベーターだとGo up（上に行く）、Go down（下に行く）です。

72

☑ 見ててね
Let me show you.

お手本を見せる時の定番表現です。Let me＋動詞は「～させてね」を表し本項では「僕に見せさせてね」が直訳です。発音はレッミショウユーに近い音になります。Let me do it（やってみるね）も便利です。シンプルにWatch me.（見ててね）でもOKです。

73

☑ やってみる？ Do you wanna try?

何かにトライさせたい時の表現です。食べ物や飲み物、遊びなど様々な場面で大活躍します。wanna（ワナ）はwant to（～したい）の口語表現です。

74 ☑ ここは暑いね（寒いね）
It's hot here. / It's cold here.

気候などを表す時、主語は通常itを使います。今日は寒いねだとIt's cold today.です。
風が強いはIt's windy（ウィンディ）、肌寒いだとIt's chilly（チリー）と言います。

75

☑ これは熱いね！（それ冷たいね）
This is hot! / It's cold.

遊び
愛情・触れ合い
共感
声掛け
確認
注意
促し

hotは「ホット」ではなく「ハッ(テュ)」に近い音です。hで息をたくさん出すのでtでは息が残らずほとんど聞こえません。coldも「コールド」ではなく「コウル(デュ)」という音に近くなります。

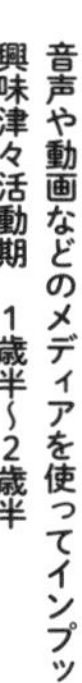

76

☑ 風が吹いてるね
The wind is blowing.

The wind blowsで「風が吹く」を表します。風が今吹いている最中なのでThe wind is blowingのように現在進行形で表します。

77

☑ 手をつなごう！ Let's hold hands!

遊び
愛情・触れ合い
共感
声掛け
確認
注意
促し

hold handsで手をつなぐことを表します。結ぶ手は2つあるのでhandsと複数にします。あちこち歩き回りたいお子さんの手を取る時に毎回言いましょう。

78 ☑ あれ見える？ Do you see that?

お散歩中に見つけたもの、窓の外に見えるものなど、指をさしながら使います。Do you see that dog?（あの犬見える？）Do you see the beautiful moon?（きれいなお月様見える？）など、様々なものの名前を覚えるのにもいい表現です。

79

☑ もう終わった？
Are you finished?

食事や遊びなど、終わったことを確認したい時に使います。finishそのものは「終わらせる」という動詞ですが、finishedは「終わった状態」を表す形容詞です。「終わった？」を表す類似フレーズは Are you done?です。

80

☑ どんな色が好き？
Which color do you like?

複数の色のオプションがある時に好きな色を聞いてみましょう。I like blue! のように、お手本を先に言ってあげるといいですね。

81 ☑ これは何色かな？ What color is it?

カラフルなものが大好きな子供たち。母国語ではこの位の年齢で主な色の名前が言えるようになっていることも多いでしょう。Primary Colors（プライマリーカラーズ）はred, blue, yellowです。その他に色を混ぜてできる、green, purple, orange, black, white, brown, greyなどは繰り返し教えてあげましょう。

82 ☑ しっかりつかまってね！ Hold on tight!

遊具や乗り物の手すりなどにしっかりつかまってほしい時の表現です。hold onは連結してホールドンに近い音です。tight（タイト）はしっかり、きつく、を表します。

83 ☑消防車がいるね！ There's a fire truck!

目に映る景色を描写するのは、言語発達に非常に効果的な方法です。There's（単数）、There're（複数）で「〜がいる、ある」を表すので、後ろに様々なものの名前をつけて英語表現を教えてあげましょう。

84 ☑いい天気だね Nice weather, isn't it?

窓の外をみたり、お外に出た時にお天気がよかったらこの表現を使いましょう。isn't it?を最後につけると、相手に同意を求めるニュアンスとなり会話らしくなります。

85

☑バスに乗ろう！ Let's take a bus!

公共の乗り物に乗る時はtakeをよく使います。Take a bus.（バスに乗る）、Take a train.（電車に乗る）、Take a taxi.（タクシーに乗る）などもよく使う表現です。

遊び
愛情・触れ合い
共感
声掛け
確認
注意
促し

86

☑ ドライブしよう！
Let's go for a drive!

子供が自ら運転するわけではないのでLet's driveではなく、go for a drive（ドライブに行く）というフレーズを使います。ドライブというカタカナ発音にならないように気をつけましょう。デュラアイ(ヴ)のような音になります。

87

☑ リンゴジュースが飲みたいの？
Do you want apple juice?

遊び
愛情・触れ合い
共感
声掛け
確認
注意
促し

「〜が欲しいの？」と尋ねたければDo you want 〜?が定番です。一塊の音で単語と単語の間を切らずに続けてデュユワンのように言い切りましょう。

88

☑ もっと欲しいの？ You want more?

食事や飲み物、おやつなどを「もっと〜」とおねだりしてきた時にこの表現で確認しましょう。OK, I'll give you more!（分かった、もっとあげようね）と応えてあげてもいいですね。

89

☑順番こだよ、あなたの番だよ！
Take turns!　It's your turn!

お友達や兄弟との間で順番を待たないといけない時はたくさんありますね。名詞のturnには「(順)番」という意味があります。Take turnsで「交替でやる」を表し、あなたの番と言いたければyour turn、私の番はmy turnになります。

90

☑ 大好きだよ！
I love you!

毎日何度も言いたいフレーズ。Love you.だけでもOK。また、I love you, sweetie!（大好きよ、かわいこちゃん）のようにsweetie, honey, darlingなどの愛情表現とセットで話すこともよくあります。

英語の歌紹介　“If You’re Happy And You Know It, Clap Your Hands”

「幸せなら手をたたこう」

日本語にも訳されてたくさんの人に親しまれている曲。オリジナルは英語です。手をたたきながら楽しく歌いましょう。

If you’re happy and you know it, clap your hands (clap clap)
幸せなら手をたたこう（パチパチ）
If you’re happy and you know it, clap your hands (clap clap)
幸せなら手をたたこう（パチパチ）
If you’re happy and you know it, and you really want to show it
幸せで、それを本当に示したければ
If you’re happy and you know it, clap your hands (clap clap)
幸せなら手をたたこう（パチパチ）

「clap your hands手をたたく」以外にも下記のようなたくさんのバリエーションがあり、長々と続いていきます↓

If you’re sad and you know it, say boo-hoo (boo-hoo)
悲しければトホホと言おう
If you’re angry and you know it, stomp your feet (stomp stomp)
怒っていたら足踏みしよう（ズンズン）
If you're happy and you know it, say hooray! (hooray!)
幸せならやったー！と言おう（やったー！）

CHAPTER

5

英語耳を作る!?
認知・行動発達期

2歳半〜3歳半以降

CHAPTER

5 認知・行動発達期

2歳半〜3歳半以降

語彙が急速に増えて、母国語では文章で話す能力も増えます。
家族、乗り物、動物、食べ物などのカテゴリーの概念が理解できるようになり、親や保育者の指示がよく理解できるようになります。英語のインプットは、動画なども活用してさらに増やしていくことがお薦めです。幼稚園生活が始まるまでに、お子さんにたくさんの英語フレーズのインプットをし、英語耳を作ってあげることを目指しましょう。

※ご紹介する表現は、3歳半以降の月齢のお子さんにも引き続き使えます。

この時期の赤ちゃん

話し言葉がたくさん出てきて、会話を楽しめるようになる時期です。大人の真似をしたがったり、お友達同士でも遊べるようになります。
また、自分が体験した喜びや感動を周りの大人やお友達に伝えたり、一緒に体験したいという気持ちが芽生えますが、一方で「自分のもの！」という意識も強くなるので、お友達や兄弟との貸し借りが難しくなるのもこの時期。単なるワガママではなく「自分にとって大切なものだ」と感じている心の成長過程なので、あたたかく見守ってあげたいですね。

こんな遊びがおすすめ

・手足や体のバランスがとれてくる時期なので、乗り物に挑戦したり、平均台やトランポリンに挑戦したりすることもおすすめです
・指先がさらに器用になるので、ハサミやのりを使った工作も楽しめます。簡単なパズルに挑戦するのもいいでしょう
・ぬいぐるみや人形のお着替えをさせたり、ごはんをあげたり…お世話遊びもできる時期です。普段自分がしてもらって嬉しいことを、他の誰かにしてあげる体験を通して、共感性が芽生えます。日常生活で出てくる英単語をたくさん使ってお世話遊びをアシストしてください

91

☑ なにをやっているの？ What are you doing?

遊び
愛情・触れ合い
共感
声掛け
確認
注意
促し

子供が気になる行動をしていたらこの表現で尋ねてあげましょう。What are youは連結し音声変化して「ワラユ・デューウィング」のように聞こえます。

92 ☑ジョーどこにいるの？
Joe, where are you?

名前とセットで使うと自然です。「〜はどこ？」は単数だと**Where is** your bag?（あなたの鞄はどこ？）複数のものには**Where are** your shoes / socks / gloves?となります。I'm here!（ここだよ！）も一緒に教えてあげましょう。

93

☑ どこに行っちゃったのかな？ Where did it go?

何かが見当たらない時に使います。お気に入りのタオルが見当たらなくて探している時 Where is your towel? Where did it go?（itは直前のyour towelを指す）とセットで使うのもいいですね。

94

☑ 見つけたよ！
I found it!

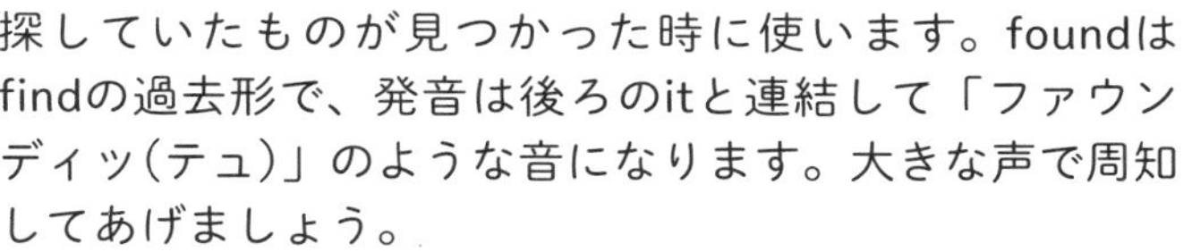

探していたものが見つかった時に使います。foundはfindの過去形で、発音は後ろのitと連結して「ファウンディッ(テュ)」のような音になります。大きな声で周知してあげましょう。

95

☑肘をテーブルからおろして
Take your elbows off the table.

遊び　愛情・触れ合い　共感　声掛け　確認　注意　促し

マナーを教える表現です。Take ～ off the tableで「テーブルから～を下す」になります。elbowsは肘、他にも足foot（複数はfeet）などでも使えます。

96

☑何て言ったらいい？ What do you say?

いけないことをした時はSorry.（ごめんなさい）、親切にしてもらった時のThank you.（ありがとう）などを言わせたい時の表現です。ゲップやおならをしてしまってExcuse me.（失礼）とすかさず言えたらGood job！

97

☑ これできるかな？
Can you do this?

遊び
愛情・触れ合い
共感
声掛け
確認
注意
促し

子供に何かをやらせたい時の表現です。大人がお手本を見せながらLet me show you（見ててね）とセットで言うと効果的。

98

☑ カッコイイね！ Cool!

日本語の「クール」ではなく、Cで息を強く吐き出し「クーウ」に近い音になります。文で言えそうならThat's cool!（それカッコイイ）She's so cool!（彼女めちゃカッコイイ）のように言います。

99

☑ おかしいね〜！ That's so funny!

遊び
愛情・触れ合い
共感
声掛け
確認
注意
促し

おかしいはfunnyです。soはveryに似ていて強調を表します。tooには「〜過ぎる」という否定のニュアンスがあるので間違えて使わないように気をつけましょう。

100

☑ 楽しかったね！
We had fun!

have funで、楽しむ、興ずる、を表します。楽しい時間を過ごした後や、自宅に戻った時に楽しい時間を振り返るタイミングで言いましょう。

101

☑走らないで〜!
Don’t run!

遊び
愛情・触れ合い
共感
声掛け
確認
注意
促し

急に走り出す子供を止めましょう。Don’tの発音は「ドーント」ではなく「ドウンテュ」に近い音です。Don’t run!（ドウンテュラン）と発音します。Don’t touch it!（触らないで！）など、何度も繰り返し使っているとDon’t＝やってはダメとすぐ理解できるようになります。

102 ☑急いで～！ Hurry up!

出かける前などどうしても急がせなければいけない時はやはりこの表現です。Hurry, hurry!と走るジェスチャーをつけながら急かすと効果的。

103 ☑いってらっしゃい！楽しんで！ Enjoy your day! Have fun!

保育園や幼稚園、習い事に送り出す時などにかけたい一言。Love you!（愛してるよ！）を最後に言うことも多いです。

104 ☑ また午後にね！ See you in the afternoon!

午後に再度会う予定がある時にかける別れ際の言葉です。子供を幼稚園や保育園に送り出す時、「午後に迎えに行くからね」、という意味を込めて言うこともあります。夜だとSee you in the evening!となります。

105

☑今日楽しかった？
Did you enjoy your day?

感想を尋ねたい時に使います。「Yes!」「Yeah!」などが返答として返ってきたらGood!と返してあげましょう。Did you（ディジュ）という音が聞こえた瞬間に「過去のことを聞かれている」と理解できるようになるまで頻繁に使いたいですね。

106 ☑今日は何したの？ What did you do today?

英語での返答が難しそうな場合は、補足でDid you play with〜?（〜と一緒に遊んだ？）やDid you finish your lunch?（ランチ全部食べた？）など具体的なYes / Noクエスチョンでヘルプしてあげましょう。

107

☑モマちゃんに会った？ Did you see Moma-chan?

遊び
愛情・触れ合い
共感
声掛け
確認
注意
促し

Did you see ～?（○○さん見た？）は、意外と日常的に頻出するものの一つ。seeの発音がshe（日本語のシーに近い）にならないように注意しましょう。seeとsea（海）は同じ発音で、下の歯を見せながら下の歯の間から息を通すようなイメージで出します。

108

☑ 泳ぎに行きたい？
Do you wanna go swimming?

wanna（ワナ）はwant toの略でカジュアルな口語表現です。家族や友人の間などでよく使われます。後ろには動詞の原形がきます。Do you wannaは一塊で「デュヤワナ」に近い音になります。

109 ☑ これが最後(の番組)だよ！
This is the last one (show), OK?

遊び
愛情・触れ合い
共感
声掛け
確認
注意
促し

the last 〜で最後の〜を表します。遊びや見ている動画など、そろそろ終わりにさせたい時に大活躍します。oneは不特定の「それ」を表すので、その場の対象物にいろいろと使えて便利です。

110 ☑テレビはもうおしまい！ No more TV!

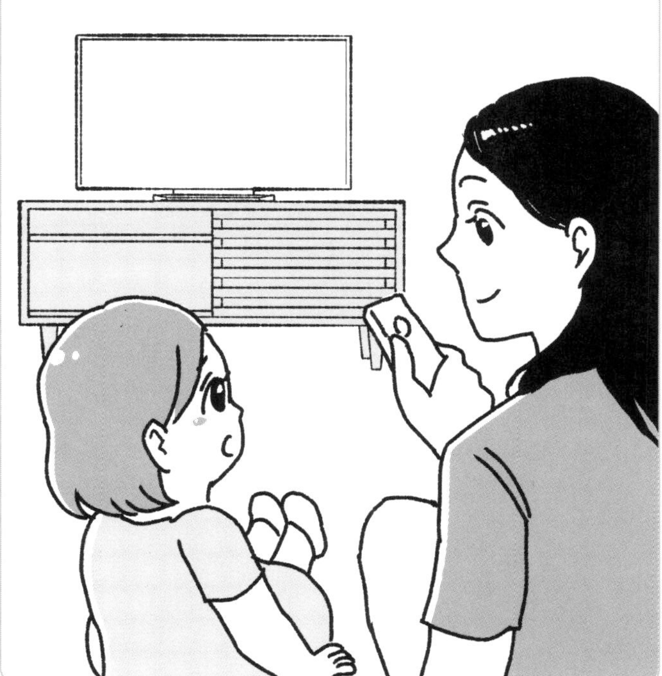

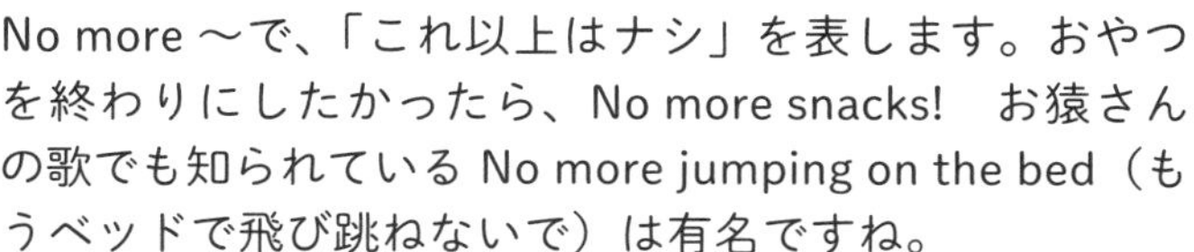

No more ～で、「これ以上はナシ」を表します。おやつを終わりにしたかったら、No more snacks!　お猿さんの歌でも知られている No more jumping on the bed（もうベッドで飛び跳ねないで）は有名ですね。

111 ☑ おしっこ/ウンチしたい？ You have to pee / poop?

トイレトレーニングが始まればこの表現は一日に何度も使います。pee（ピー）がおしっこ、poop（プープ）がウンチです。have to ～（～しなければならない）の代わりにneed（必要がある）を使って You need to pee / poop?ということもあります。

112 ☑ ちょっと待てる？ Can you hold it?

直訳は「それ持ってくれる？」ですが、「我慢できる？待てる？」というニュアンスでもよく使われます。急にトイレに行きたくなって、その場にトイレがない時、ちょっと我慢してもらいたい時に使いましょう。

113 ☑ よくできたね！ Well done!

日本人は文化的にあまり身内を褒めないことで知られていますが、英語圏では実によく褒めます。パズル、滑り台、お絵描き、歌そしてトイレができた時も、その度しっかり褒めてあげましょう。他にもGood job!やYou did it!（やったね！）がよく使われます。

☑ どうしたの？
What's wrong?

相手の様子がおかしい時、何か問題がありそうな時に掛ける言葉です。wrongにはもともと「誤った、間違った」という意味がありThat's wrong.（それは間違い）のように使われます。long（長い）と音が一緒にならないように注意しましょう。

115

☑ 飲み込んで
Swallow it.

ずっと口の中に食べ物や飲み物を入れたまま飲み込んでくれない時に言います。関連してgulp（ごっくん）、Don’t keep it in your mouth.（口の中に入れておくのはやめよう）も知っておきたい表現。

116

☑気持ち悪い？ Are you feeling sick?

feel sickで気持ちが悪い、体調が悪いことを表します。Feeling sick?だけでもOK！“Feeling sick? Stay home!（具合悪ければ、家に居よう）”というスローガンも、コロナパンデミック以降は英語圏でよく目にするようになりましたね。

117

☑ お腹痛いの？
Do you have a stomach ache?

遊び
愛情・触れ合い
共感
声掛け
確認
注意
促し

ache（エイク）には「痛み」という意味があり、stomach ache（腹痛）、head ache（頭痛）のように使われます。お腹や頭など体の部位を触りながら声を掛けてあげましょう。

118

☑ どこを打ったの？
Where were you hit?

何かにぶつかって痛がっていたらこの表現で確認します。「打たれた」という受け身の形になっています。発音はhitが日本語のヒットにならないように注意します。Hiで強い息をだし最後のtはほぼ聞こえません。

119

☑優しくしてね!
Be nice!

お友達や兄弟とものを取り合ったり、ケンカになることもあるでしょう。そんな時はBe nice!というと「いい子にしようね」というニュアンスを伝えられます。同様にBe kind.（親切にね）も使えます。

120 ☑ちょっとここで待てる？
Can you wait here for a minute?

Can you wait here?は「ここで待てる？」とお願いする表現。for a minuteは「1分間」で、ちょっとだけだよ、というニュアンスを加えます。I'll be right back!「すぐ戻るからね！」とセットで言えると尚英会話らしくなりますね。

「おすすめ英語Youtube動画サイト」

我が家も息子の成長に合わせて絵本や歌の世界から入り、徐々に動画視聴を取り入れながら家庭で英語に触れる時間を増やしてきました。動画は、最初の10分でもいいので、子供と一緒に座って見て、感想を聞いてみたり、理解を助けてあげたりするようにします。ただ見せるよりもシナプスの増強が進み、学習効果が各段に高くなります！

とはいえ、ずっと一緒に付き合ってみられないこともあると思います。こちらで、ご紹介する番組であれば、内容的に「知育の要素たっぷり」なので、安心して見せてあげることができます！　下記のQRコードからご確認下さい（CoComelonなど）。

CoComelon

https://youtube.com/@CoComelon 

アメリカの家庭や幼稚園生活での様々なシーンを英語の歌と一緒に自然に学ぶことができます。字幕がついていて、英語に自信がない大人にもお薦め！

CHAPTER

6

年齢・月齢に関わらず使える！
さらに英語を楽しむ
魔法のフレーズ

生活の中で頻繁に使う英語表現をご紹介します。年齢、月齢に関わらずシーンを逃さずどんどん活用してください！

121

☑ハッピーホリデー！ Happy Holidays!

12月になると、キリスト教徒は**Merry Christmas!**（メリークリスマス！）とキリストの誕生日を祝う表現を使いますが、近年はダイバーシティを尊重し、どの宗教の人でも使えるように**Happy Holidays!**と休暇を祝う表現の方が主流になっています。このシーズンならではのSanta Claus（サンタクロース）、snowman（雪だるま）、candle（ろうそく）、wreath（リース）などもお馴染みですね。

122

☑ あけましておめでとう！
Happy New Year!

新年を祝う決まり文句ですね！

123

☑ おめでとう！ Congratulations!

遊び
愛情・触れ合い
共感
声掛け
確認
注意
促し

子供がはじめてできたこと、小さな成功に対しても、積極的に言ってあげましょう。最後に複数のsがつくのをお忘れなく！

124

☑ お誕生日おめでとう！
Happy Birthday!

Happy Birthday, Emma!　のように誕生日を迎える人の名前をつけて、明るいトーンで伝えましょう。birthday cake（誕生日ケーキ）、birthday present（誕生日の贈り物）、birthday wishes（誕生日の願い事）などハッピーな言葉で溢れますね。

125

☑ハッピー・ハロウィン！
Happy Halloween!

Trick or treat!（お菓子くれないといたずらしちゃうぞ！）をはじめ、ハロウィンにちなんだ表現も一緒に覚えたら楽しいですね！ghost（おばけ）、bat（こうもり）、skeleton（がいこつ）、candies（アメリカ英語でチョコレート）、pumpkin（かぼちゃ）、Jack o'lantern（ジャック・オー・ランタン＝かぼちゃの中をくりぬいて作る顔が付いた提灯）なども一緒に覚えましょう。

126

☑ハッピー・バレンタイン！
Happy Valentine's Day!

西洋などでは、男性も女性も、花やケーキ、メッセージカードなどの贈り物を恋人やパートナーに贈る日です。日本に見られるような女性が男性にチョコレートをあげる習慣や、ホワイトデーなどは、西洋にはありません。Be my Valentine! には「私の恋人になって！」という意味があります。

127

☑ かくれんぼしよう！ Let's play hide and seek!

hideが隠れる、seekが探すことを表します。seeker（鬼）は、目を閉じて10を数え終わったら"Here I come"（さあ、くるよ！）と言ってhiders（隠れている人）を探します。

128

☑待て待て～！
I'm gonna catch (get) you!

直訳すると「君を捕まえるよ！」ですが「待て待て～！」と同じニュアンスで使われます。鬼ごっこは世界中どこでも子供たちが大好きな遊びですね。

129

☑捕まえた！
I got you!

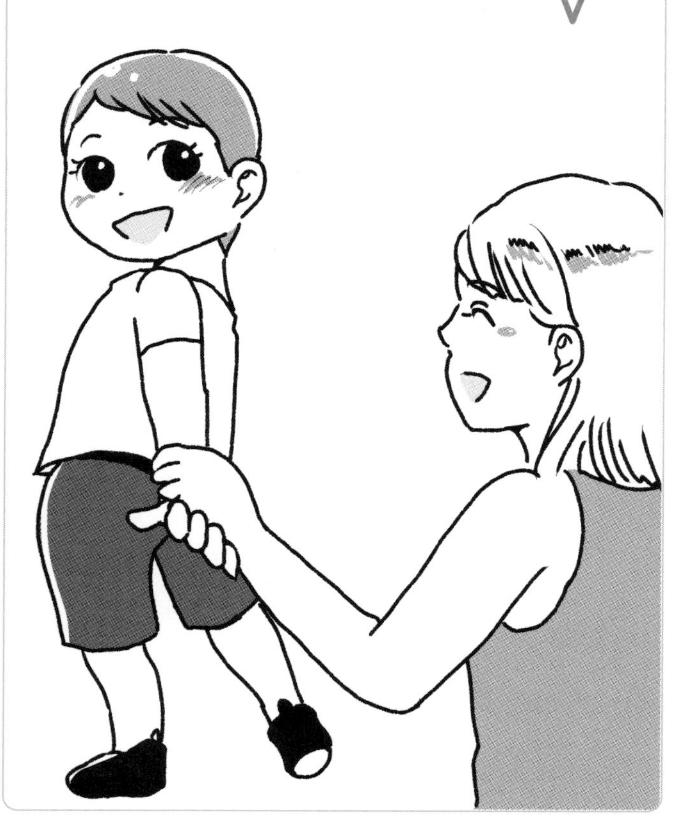

追いかけていた子供を捕まえた時などに言います。アイガッチュのような発音になります。

130 よーいどん！ Ready, steady, go!

子供たちは競争が大好き。Readyで準備してsteadyで止まり、go! のところで走り出します。Ready, **set**, go! も同様の意味で使われます。

131 味 Tastes：

☑甘い、塩っ辛い、酸っぱい、苦い
It's sweet / salty / sour / bitter

馴染みのある表現ばかりと思いますが、食事をしながらお子さんと一緒に言ってみましょう。bitterと言う時は苦そうな顔で。food（食べ物）、dish（ひとつひとつの料理）、meal（食事）も並べて覚えておきたいですね。

132 色 Colors：

☑ 青、赤、黄色、ピンク、紫
blue / red / yellow / pink / purple

Primary Colors（プライマリーカラーズ）はred, blue, yellow。Primary Colorsを混ぜでできたSecondary Colors（セカンダリーカラーズ）は、green, purple, orange。その他のblack, white, brown, grey, pinkなども、絵本やおもちゃを指さしながら言ってみましょう。4章で紹介している**Which color do you like?（どんな色が好き？）What color is it?（これは何色かな？）と一緒に言ってみましょう。**

133

形 Shapes：

☑ まる、さんかく、しかく、長方形、ひし形、ほし、ハート

circle / triangle / square / rectangle / diamond / star / heart

いろいろなものの形を英語で言ってみましょう。色がついていたらa red circle（赤いまる）、a yellow star（黄色のほし）のようにフレーズでも言ってあげましょう。

134

乗り物 Vehicles：

車、タクシー、バス、トラック
car / taxi / bus / truck

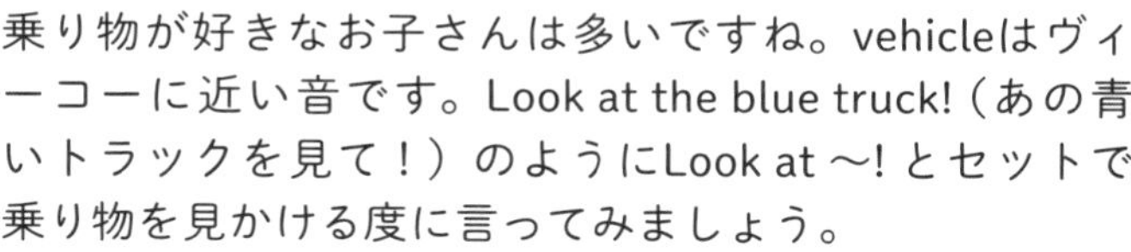

乗り物が好きなお子さんは多いですね。vehicleはヴィーコーに近い音です。Look at the blue truck!（あの青いトラックを見て！）のようにLook at ～! とセットで乗り物を見かける度に言ってみましょう。

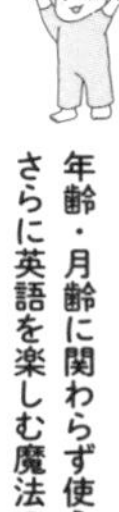

135 働く車 Work vehicles：

☑消防車、救急車、ごみ収集車

fire engine / ambulance / garbage truck

遊び
愛情・触れ合い
共感
声掛け
確認
注意
促し

働く車にも実に多くの種類があります。The fire engine is so cool!（消防車カッコイイね！）のように感情も込めて言えたら楽しいですね。

136

動物 Animals：

☑犬、猫、豚、牛、羊
dog / cat / pig / cow / sheep

動物の図鑑や動画を見ながら一緒に言ってみましょう。動物園や牧場では、英語名が表示されていることも多いです。Hello monkeys! What're you doing?（こんにちは！お猿さん。何しているの？）のように声を掛けてみてください。

137

動物の鳴き声 Animal Sounds：

☑ワンワン！ Bow-Wow!

動物の鳴き声は、国によって表し方が異なります。クイズにしても面白いですよ！

犬 dogs：bow－wow（バウワウ）
猫 cats：meow（ミャオ）
豚 pigs：oink（オインク）
牛 cows：moo（ムー）
羊 sheep：baa（バー）
ライオン lions：roar（ローア）
鳩 pigeons：coo（クー）
アヒル ducks：quack（クワッ）
馬horses：neigh（ネ～イ）

138

食べ物 Foods：

☑ フライドポテト、パン french fries / bread

子供は食事の話が大好き！フライドポテトは英語ではfrench friesとまったく異なる言い方ですね。Do you like bread?（パン好き？）What is your favorite food?（一番好きな食べ物はなに？）と好きな食べ物について尋ねてあげましょう。

139 果物 Fruits：

☑リンゴ、キウイ、ブドウ、イチゴ
apple / kiwi / grapes / strawberry

I like apples / kiwis!のように通常数えられる果物や野菜は複数形で使います。果物や野菜はキッチンで切るところを見せてあげながら教えてあげるのも楽しいですね（安全を確保したうえで！）。

140 数字Numbers：

☑1~10、11~20 one - ten / eleven - twenty

one, two, three, four, five, six, seven, eight, nine, ten
eleven, twelve, thirteen, fourteen, fifteen, sixteen, seventeen, eighteen, nineteen, twenty

4,5,7, 12, 14, 15, 17に出てくるf/v（上の歯が下の唇について出される音）3, 13に出てくる th（上下の前歯で舌先を挟みながら出す音）に注意を向けて発音します。カウントアップだけではなく、**カウントダウン**も練習しましょう。エレベーターの中もいい練習場所です。また、one apple, two oranges, three ballsのように後ろに名詞をつけながら練習し、英語では2つ以上の数えられる名詞には複数のsがつくことを、ここで認識させられたら理想！

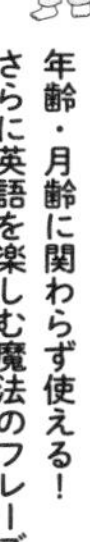

141 ☑体 Body

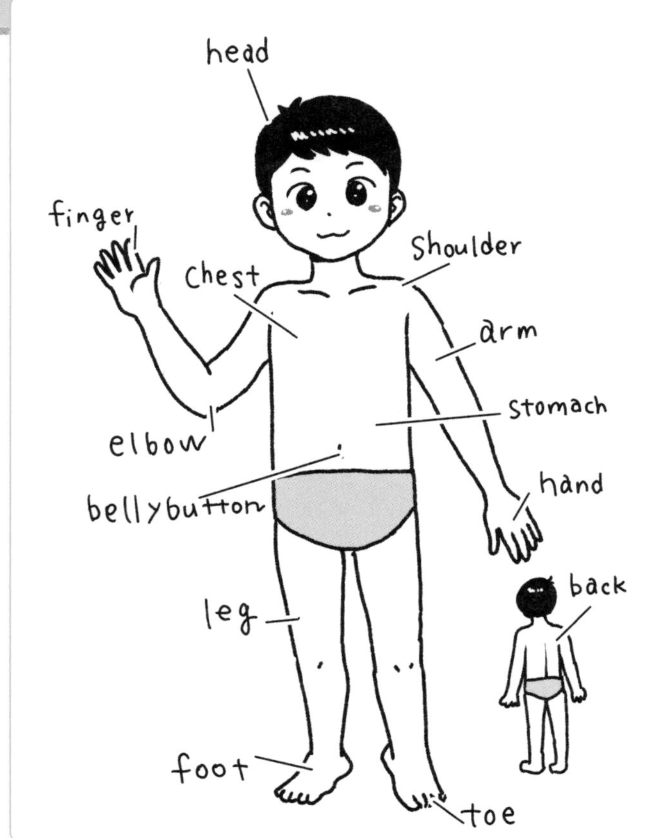

bodyの発音はボディーではなく「バディ」。お腹は「スタマック」に近い音になります。3章で紹介した［Head, Shoulders, Knees and Toes］の曲を歌いながら言ってみましょう。

142 ☑顔 Face

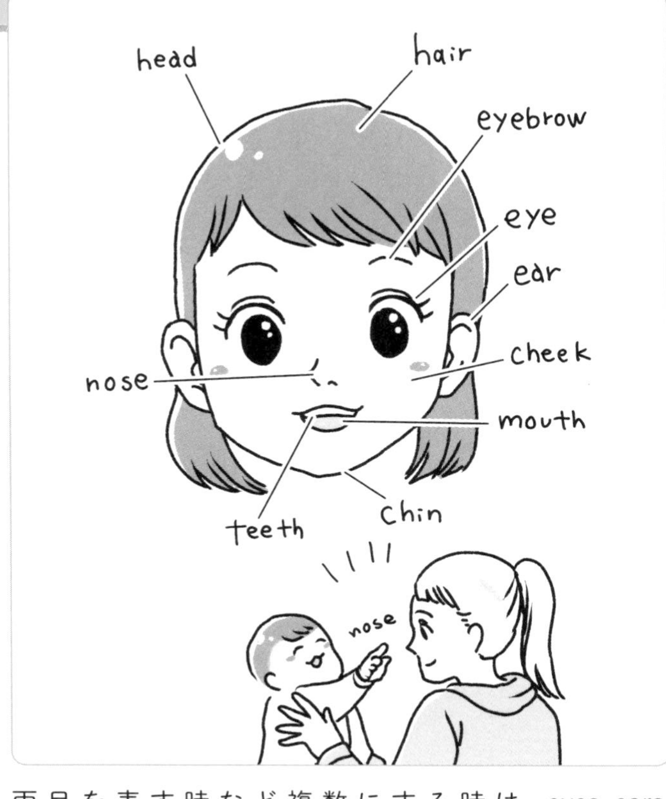

両目を表す時など複数にする時は、eyes, ears, eyebrows（アイ・ブラウズ）のようにsをつけるだけのものが多いですが、歯（teeth）のように複数にするとtoothに変形するものもあるので要注意です。
“touch your nose!”（お鼻を触って！）のようにゲーム感覚で覚えていくのも楽しいです。

143 身につけるもの Things to wear

靴下や靴の片一方を指して言う時は a sock（ソック）、a shoe（シュー）のようにsを取り、ソックス、シューズなどと言わないように気をつけましょう。sweaterの発音はスウェダーに近くなります。

144 ☑手洗い Hand－washing

動詞がたくさん出てきますが、毎日手を洗う度に言っていると子供はあっという間に覚えてしまいます！　トイレが自分でできるようになったら**Did you wash your hands with soap?**（石鹸で手を洗った？）と聞いてあげましょう。

145 ☑ お風呂の時間 Bath time

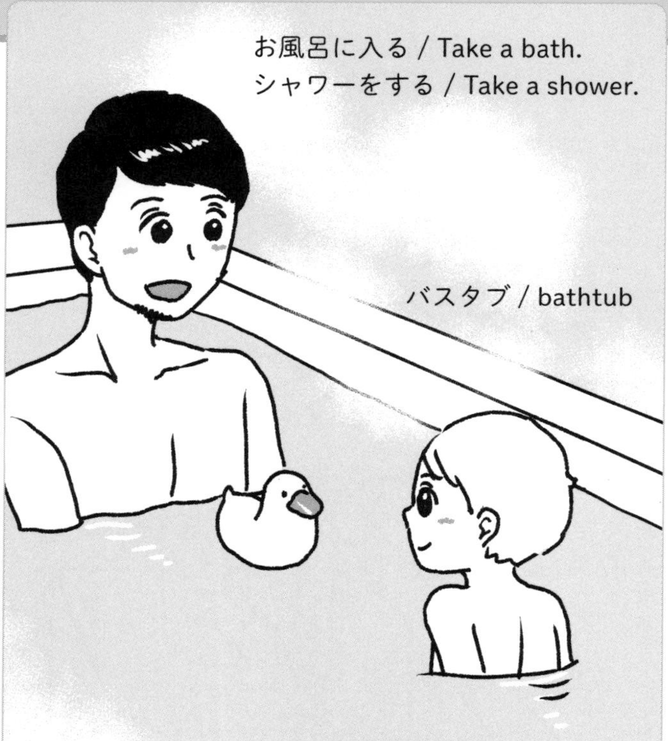

お風呂に入る / Take a bath.
シャワーをする / Take a shower.

バスタブ / bathtub

bathのthをスと発音すると、乗り物のバス（bus）になってしまうので、th（上下の前歯で舌先を挟みながら出す音）を意識しましょう。showerは、シャワウアに近い音です。

146 ☑そっとね〜！ Gently!

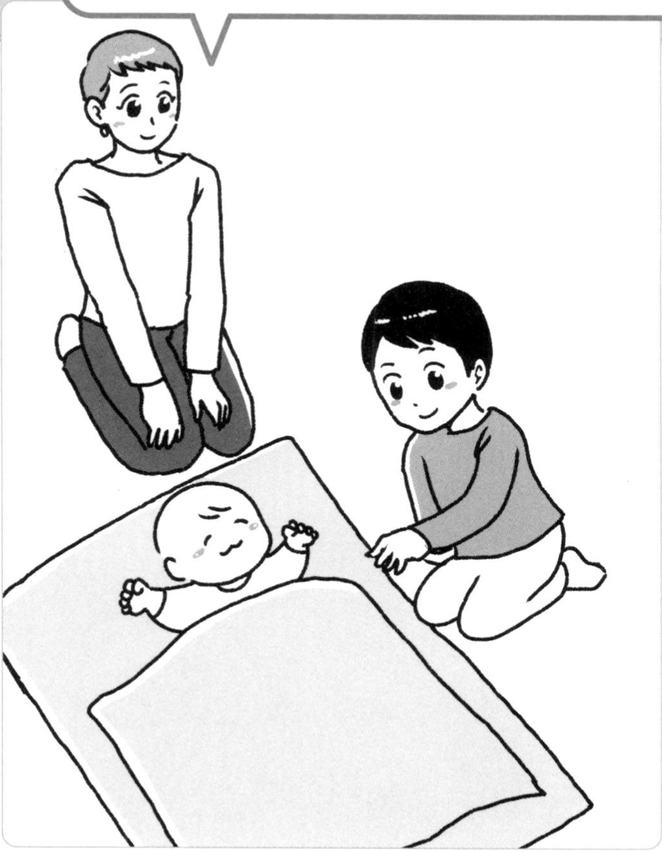

加減が分からない小さな子供に注意を促したい時、これらの副詞が活躍します。特にいろいろなものを自分で触り持ちたがるので「そっとね〜、優しくね〜」を表すgently（ジェンッリー）は知っておくと便利です。

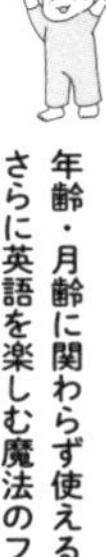

147

季節 春・夏・秋・冬
Seasons Spring / Summer / Fall(Autumn) / Winter

3歳頃になると、季節や月などに興味を持つお子さんも増えてきます。カレンダーを見ながらJanuary, February, March…と一緒に言ってみましょう！

148 天気 Weather：

☑ 晴れ、雨、くもり、雪、風が強い

sunny / rainy / cloudy / snowy / windy

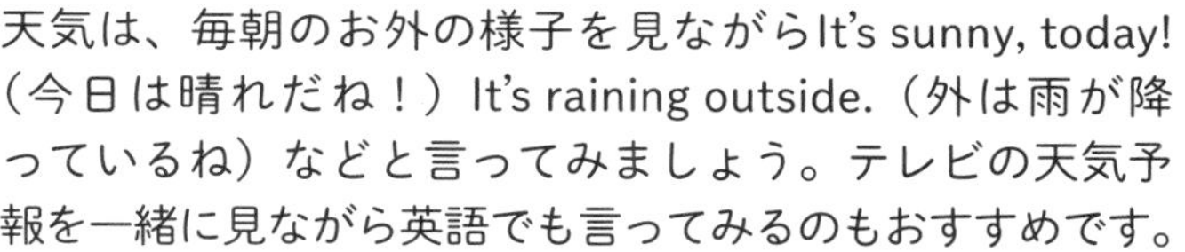

天気は、毎朝のお外の様子を見ながらIt’s sunny, today!（今日は晴れだね！）It’s raining outside.（外は雨が降っているね）などと言ってみましょう。テレビの天気予報を一緒に見ながら英語でも言ってみるのもおすすめです。

149 ☑日常アイテム Everyday items

子供は毎日目にするものは母語であればすぐに覚えてしまいます。「ちょっと難しいかな？」と思っても英語でもどんどん教えてあげてください。繰り返すとあっという間に両言語で言えるようになりますよ。

150 ☑擬音語 Onomatopoeic words

- ハクション achoo（アチュー）
- ゴホン（咳払い）ahem（ァヘム）
- くらくら dizzy（ディズィー）
- クスクス（笑う）giggle（ギゴー）
- ぽたぽた drip（デュリップ）
- ぱらぱら sprinkle（スプリンコー）
- きらきら twinkle（テュインコー）
- むしゃむしゃ munch（マンチ）, crunch（クランチ）
- がつがつ・がぶがぶ　gulp（ガルプ）
- べたべた sticky（スティキー）
- とんとん tap（タップ）
- ひらひら flutter（フラター）
- ばちゃばちゃ splash（スプラッシュ）
- がらんがらん（鐘の音）　ding－dong（ディンドン）
- ブーン（虫など）buzz（バズ）

151 ☑お片づけ手伝ってくれる？ Can you help me clean up?

自分で片づけることを身につけてもらいたいと願うなら、このフレーズを毎日使いましょう！
Can you～？は動詞を後ろにつなげて、相手に依頼するための万能表現です。例）Can you pass me the remote?（リモコン取ってくれる？） お願いしていることをお子さんが理解してさっと手伝ってくれるようになったらブラボー！積極的に使いましょう。

☑公園で遊ぼう！ Let's play at the playground!

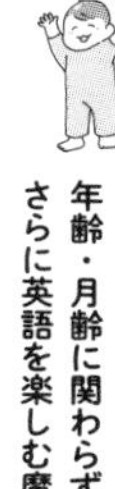

公園というとparkを思い浮かべる人が多いと思いますが、子供たちが遊ぶ遊具があるような公園はplayground プレイグラウンド（遊び場）と呼ばれています。

- ぶらんこ swing（スウィング）
- 滑り台 slide（スライ（デュ））
- シーソー seesaw　（スシーソー）
- 砂場　sandbox（サン（デュ）ボックス）
- ジャングルジム jungle gym　（ジャンゴージム）
- うんてい　monkey bars（マンキーバーズ）

スペシャルコラム

おしゃべり前の赤ちゃんから参加できる

「言葉の世界」

~伝わる喜びを赤ちゃんに~

ここでは「ベビーサイン教室」で実際に生徒さんから受けた相談をもとに、簡単なベビーサインを紹介します。お子さんへの声掛けを英語フレーズで学ぶ本書と相性がいいので、子育てのちょっとした場面でお役に立てれば幸いです。

ベビーサインを教える時のポイント!

- ☑ 赤ちゃんの目を見て視線をとらえ
- ☑ ハッキリと言葉を言いながら
- ☑ 大人の顔の近くでサインを見せる

①リアクションのない赤ちゃんのお世話(交換)

Q. **新生児のお世話をしている時、ふと気づくと無言で黙々と作業している自分にハッとします。リアクションの少ない赤ちゃんに声掛けするモチベーションを、キープするアドバイスをください。**

A. あまり目も合わない、返事もしてくれない相手に明るくおしゃべりを続けるのって、大人にとっては結構大変なことですよね? 育児で疲れている時なら尚更です。

モチベーションを保つポイントは**「言葉を教えるチャンスだ！」**と意識改革することです。

おすすめなのは「交換（オムツ替え）」のサイン。

まずオムツ替えを始める前に「オムツ替えようね！」と声掛けしながらサインを見せます。その後も、「じゃあ替えようね!」「きれいになって気持ちいいね〜、オムツ替えしたよ！*」と何度もサインを教えるチャンスがある！　と思えば、自然と声掛けも増えていきます。

そのうちサインを見せると、赤ちゃんが足を上げてオムツ替えに協力してくれたり、さらには替えて欲しい時に自らサインで教えてくれるようになります。そうなると親のモチベーションは爆上がり間違いナシです。

交換

手首を合わせてクルッと回転

英会話フレーズ&ワンポイントアドバイス

・Okay, let's get changed!「じゃあ替えようね!」
・Feels good to be clean, right?「きれいになって気持ちいいね〜」
・I changed your diaper!「オムツ替えしたよ」

日本語同様に英語で言う時もしっかり感情を込めて、高めの音程と明るいトーンで声掛けします。get changed、feels good、diaperなど大事な意味の単語は特にハッキリ言いましょう。

②母子分離に備え信頼を築く「待っててね」(待つ)

Q.後追いがひどくて家事も仕事も手につきません(涙)。ミルクが飲みたいと言って泣くのに、ミルクを作りに行かせてくれず大泣きする…地獄の無限ループから抜け出したいです。

A.赤ちゃんの成長過程で喜ばしい変化とはいえ、少しでも穏やかに乗り切りたいですよね。

ここでぜひチャレンジしていただきたいのが、**「待つ」のサイン**です。

ミルクを作って離れる際、**必ず目を見て「待っててね」と声掛け**をします。もちろん泣いて後追いをすると思いますが、辛抱強く続けてください。大事なのは「どうせ言ってもまだ分からないから」と、赤ちゃんを見くびらないこと。「待っていれば必ずママはミルクを持って戻って来てくれる」という成功体験を重ねた赤ちゃんから、「待ってるね」とサインが返って来た時の喜びはひとしおです。離れても、戻って来てくれる。この信頼関係が、自立への最初の1歩になります。

片手の甲をあごの下におく

英会話フレーズ＆ワンポイントアドバイス

・Wait here, OK? / One moment, OK? 「待っててね」

待つ＝Waitという日英の言葉の音と、サインとの3点セットで教えてあげるイメージです。応用版ですが、I'll be right back.(すぐ戻るよ)も非常によく使われます.

③集団生活に備える「ちょうだい」(ちょうだい)

Q. 第二子がとても気が強く、３歳上の兄のものを欲しがって手が出てしまいケンカが絶えません。幼い分、力の加減が無いため、そのうち他のお友達にも怪我をさせてしまうのではと不安です。

A. 意思はあるのに、伝える術がない。それがイヤイヤ期の正体です。想像したらそんな状態、大人だってイライラしますよね？　そのため言葉（サイン）の習得はイヤイヤ期対策にとても効果的です。

ものを欲しがって手が出たり、指さししながらぐずったりした際は、「ちょうだい、かな？」といってサインを見せます。そして欲しがっているものも見せてあげてください。赤ちゃんが手を伸ばしたタイミングで、「ちょうだい、だね？」と何度もサインを伝えてあげましょう。赤ちゃんは勘がいいので、繰り返しているうちに「泣いたり騒いだりするより、ちょうだいのサインをした方がすぐに渡してもらえるなぁ」と気づきます。ぜひ

「ありがとう」のサインとセットで教えてあげてください。

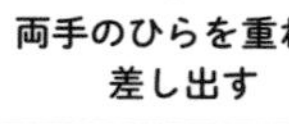
両手のひらを重ねて差し出す　投げキッスのように片手を前に出す

英会話フレーズ&ワンポイントアドバイス

・You want this?　「ちょうだい、だね？」

*You want this.は「あなたはこれがほしいの？」を意味します。「ちょうだい」は厳密には“I want this”となりますが、この文脈ではYou want this?が自然です。“want”の最後の t は非常に弱く発音されます。

④やられ役をやらず、一緒に戦う仲間になろう（痛い）

Q. ごっこ遊びの際にパンチやキックをされるのが、地味に痛いです。

A. ヒーローごっこなどで遊ぶとき、どうしても「やられ役」になってしまう親御さんは多いですが、私はおすすめしません。小さいうちは遊びと生活の境界線があいまいなので、やってOKなキックとNGなキックのルール変更についていけないのです。さっきまで楽しそうに蹴られていたママが、急に怒りだしたら、お子さんも困惑してしまいます。ここは一貫性を大事にして、やられ役をやらずに、**「一緒に戦う仲間役」**をやりましょう。

もし、お子さんがしつこく攻撃してきた際は、**「痛い」のサイン**を見せてください。なるべく深刻に、本当に痛そうに伝えるのがポイント。「いたぁ〜い！」と高い声で言うママが多いのですが、言葉を習得していない赤ちゃんは声のトーンで、ママが楽しくて笑っていると勘違いしてしまうこともあるので、女優魂をもって悲痛な声と表情で伝えていただきたいです。

人差し指の先をツンツン合わせる

英会話フレーズ＆ワンポイントアドバイス

・Ouch / Hurts　「痛い」

Ouchは**ア**ウチ、Hurtsはハーツに近い音になります。いずれも誤解なく伝わるよう、大きめの声で、苦笑いせずに、痛そうな表情を浮かべて言うことが重要です。

⑤赤ちゃんはルーティンが好き（歯磨き、お風呂）

Q.そろそろお風呂だよ〜、寝る前に歯磨きだよ〜と声掛けするのですが、その度にギャン泣きされるので毎晩憂鬱です。

A.こういう親御さんには、ルーティンを決めることをおすすめしています。まだ時間の感覚が無い赤ちゃんは、予定の見通しが立てられません。そのため、親からすると「毎日やってるでしょ！」と思うことでも、まるではじめてのように泣いてしまったりするのです。

そんな赤ちゃんでも、自分の経験を通じて見通しを立てられるようになることで、態度が落ち着くことがあります。**朝晩のお世話の際に、同じ場所・同じ順序で行うよう心がけてみてください。**例えばお風呂の時にリビングで急に脱がせたりせず、いつもの脱衣所まで移動して脱ぐなど、ルーティンを守ることで赤ちゃんは安心します。その際に**「歯磨き(brushing teeth)」「お風呂(taking a bath)*」**などサインとセットで行うことで、赤ちゃんに次の行動が伝わり気持ちを切り替えてもらいやすくなります。

歯磨き

人差し指を歯ブラシに見立て左右に動かす

お風呂

握った手を胸のあたりで上下にゴシゴシ

英会話フレーズ＆ワンポイントアドバイス

・brushing teeth 「歯磨き」
・taking a bath 「お風呂」

文章で伝える時はLet's brush teeth! Let's take a bath!(歯を磨こう！お風呂に入ろう！)のように伝えるといいでしょう。

⑥挨拶は親がやらないと覚えない！（おはよう、おやすみ、ありがとう）

Q.「ミルク」や「いちご」など好きな食べ物のサインは出るようになったのですが、毎日やって見せている挨拶のサインがなかなか出ません。

A. 我が家の長女は生後6か月頃からサインでおしゃべりをする赤ちゃんだったのですが、「おはよう」のサインをしないことを不思議に思っていました。ところが彼女が1歳3か月の時、年子の弟が産まれると、ベッドの赤ちゃんに向けて「おはよう」のサインをしたでのです！　つまり彼女は「おはよう」の意味を、ベッドの中にいる人に向かって、すでに起きている人がする声掛けだと思っていたわけです。これは**パパとママがお互いに「おはよう」と言い合っている姿を娘に見せなかったせい**だと大いに反省しました。日常の挨拶は大人同士もぜひ積極的に使っている姿を見せてあげてください。

おはよう

握った片手をこめかみから下へ

英会話フレーズ＆ワンポイントアドバイス

・**Good morning.**「おはよう」
Good morning, Lisa!のように、話しかけている相手の名前をつけて言いましょう。さらに、“Did you sleep well?（よく寝た？）”、“How are you feeling？（気分はどう？）”などを続けると自然な朝の家族の会話になりますね。

⑦手を出す前に尋ねる「お手伝いする？」

Q. イヤイヤ期が始まったようで、何をしてもすぐに怒って泣きます。いつまで続くのか、どうやって向き合えばいいのか悩んでいます。

A. 「自分でやりたい！」のか「やって欲しい！」のか、ギャン泣きしているお子さんを見ていても見分けがつきませんよね。そんな時は本人に確認するのが一番です。

お子さんが何かしようとした時、パッと手助けしたくなるのをグッとこらえて「お手伝いする？」と確認してください。たったこれだけのことですが、意識をしていないとすぐに手助けしてしまいます！　ちゃんと答えてくれなかったり（お子さん自身、どうしたいか分からないことも多々ある）、何が気に入らないのか分からなかったりして、「親がやってしまった方が早い！」と感じることも多いと思います。ですがお子さんにとってこれは、「成長するチャンス＝失敗」を許されること。**「自分でやりたい！」と言って失敗したお子さんをどうか**

両手を開いて胸にトントン

叱らず、「お手伝いしようか？」と声掛けしてあげてください。「自分にはチャレンジが許されている」「失敗しても助けてもらえる」その安心感がお子さんをさらなるチャレンジへと飛躍させてくれるのです。

英会話フレーズ＆ワンポイントアドバイス

・Can I help? / Do you need help? 「お手伝いする？」

日本語では「お手伝いする？」のように主語が省略されても、親が主体であることは言わなくても伝わるのですが、英語だと主語が必ず必要で、Can I help? や、主語をYouにしたDo you need help？＝あなたは助けが必要？ のように伝えます。

⑧グズリが激減！　子供の主体性がみえる言葉（もっと、おしまい）

Q.あまり食事を食べなかった時に片づけると泣いたり、遊んでご機嫌だったのに急にぐずったり。どうしたいのか、雰囲気でなんとなく分かることもあるのですが、他の家族にはわがままに見えてしまうようで、気になります。

A.一見、気まぐれに見えてしまいがちな赤ちゃんの態度ですが、大人が思っているよりそこには意思があります。周りの人たちに伝えられるようになれば、より多くの人がスムーズにお子さんに関われるようになれて理想的ですよね！　ここでおすすめしたいベビーサインは**「もっと」「おしまい(I’m done / I’m finished) *」**です。どちらもお子さんがどうしたいのか、主体性をもって伝えてくれる言葉なので、「どうして欲しいのかな～」とヤキモキしながらお世話している大人からするととても助かるサインです。また赤ちゃん自身も、自分がどうしたいのか大人に伝わったという自信が芽生え、積極的にコミュニケーションをしてくれるようになるきっかけにもなるサインです。

両指先を軽く閉じたまま
トントン触れ合わせる

上向きに開いた手を
素早く回転して下向きに

フレーズ&ワンポイントアドバイス

- More.　「もっと」
- I’m done. / I’m finished.　「おしまい」

文章で言うとDo you want more?(もっと欲しいの？) I want more. (もっと欲しい).

Are you done/finished？（もうおしまい？）I’m done/ finished.(もうおしまいだよ) のようになります。

PROFILE

プロフィール

愛場 吉子
あいば　よしこ

ビジネス英語研修のQ-Leap株式会社（https://q-leap.co.jp/）代表取締役副社長。
ビジネス英語講師。
コロンビア大学大学院にて英語教授法（TESOL）修士号取得。
アルクの企業研修英語講師、スピーキング試験の試験官、評価官を経て、2011年よりCalvin Klein ニューヨーク本社にて勤務。2014年に帰国、Q-Leap株式会社共同設立。
ビジネス経験と英語教授のスキルを活かし、大学やビジネススクール、企業のビジネスパーソン向け英語指導に従事。2020年より中央大学ビジネススクール客員教授。
TOEIC L/R 990点、TOEIC S/W 400点満点。
著書に、『英語のプレゼン直前5日間の技術』（アルク）、『英語でプレゼン・スピーチ15の法則』（三修社）、『話す英語 - 実戦力徹底トレーニング』（アルク）他がある。
自身の子育てを機に、子育て英会話プログラム『Q-Leap for EFL Parents』を新規ブランドラインとしてスタート。公式インスタグラムからもバイリンガル子育て情報を発信中。（https://www.instagram.com/qleap_4_efl_parents/）

子育て英会話情報発信中！（Q-Leap for EFL Parents）
https://www.instagram.com/qleap_4_efl_parents/

大前真理子

長年、株式会社RIKOmania代表取締役社長として広告企画に携わる。結婚、出産を機に、〈「伝わる」よろこびを赤ちゃんに〉をテーマとした、0・1・2歳の頭と心と体を育てる、ベビーサイン複合育児サロン「OH MY! BABYSIGNS」（https://babysigns.theshop.jp）を開設。自身も講師として活動中。

【日本ベビーサイン協会】
《協会HP・教室の検索はこちらから》
https://www.babysigns.jp/
《協会Instagram・おすすめのサインなどご紹介》
https://www.instagram.com/babysignsjp/

ベビーサインとは、まだうまく話せない赤ちゃんと簡単な手話やジェスチャーを使って「おはなし」する育児法です。1990年代にアメリカで始まり、日本にも2000年以降たくさんのママやパパが実践しています。日本ベビーサイン協会（代表理事 吉中みちる）は全国で教室を展開、講師育成や保育園への導入プログラムなどを実施しています。

1日1テーマ読むだけで身につく 0～3歳までの子育て英会話大全

2023年10月5日　初版第1刷発行

著者　愛場　吉子
企画・監修　大前　真理子

イラストレーション　織田　博子
英語音声　Jennifer Okano／Dominic Allen
日本語音声　水月優希／中村章吾
カバー　和全（Studio Wazen）
本文デザイン＆DTP　㈱明昌堂

発行者　石井　悟
発行所　株式会社自由国民社
〒171-0033　東京都豊島区高田3丁目10番11号
電話　03-6233-0781（代表）
https://www.jiyu.co.jp/

印刷所　横山印刷株式会社
製本所　新風製本株式会社
編集担当　三田　智朗